「コツを掴んで」
介護報酬改定資料を読んでみよう

介護報酬改定資料から読む介護事業の方向性

山田 勝義

はじめに

　介護保険制度は、2000年に開始されました。皆さん、ご存じのとおり、介護報酬改定は「3年に1回」改定されることとなっています。つまり、2020年度において第7期介護保険事業計画が終了、つまり介護保険制度は開始当初から「第7期×3年」、早21年の月日が経過したこととなります。

　今回の介護報酬改定、第8期介護保険事業計画を迎えるにあたり、私は約14年間勤務した大手有料老人ホーム運営会社を退職し、税理士・行政書士として独立しました。ここを区切りとして、私自身、今まで運営事業者に勤務する者として、また介護保険に関わるものとして「不思議な思い」を形にしてみようと考え、この本を書き上げる決心をしました。

　この「不思議な思い」とは何か。それは、介護保険制度は、法律に基づく保険制度であるにも関わらず、その体系や制度趣旨をあまり理解することなく、「介護報酬の単位数の増減」、「加算の増減」を強く意識し過ぎる姿勢でした。確かに、介護保険制度を中心に据えた制度事業であるがゆえ、経営者としては「介護報酬の単位数」、「加算の増減」を意識することは事業の継続性を図る観点からも、また厚生労働省の政策誘導の観点から、この意識が強くなることはやむを得ないものとも思えます。しかし、今回の介護報酬改定では、「エビデンスに基づく科学的介護」に関する項目が本格的に導入され、今までの介護報酬改定をベースとした視線で介護報酬改定に関する資料を読み込もうとすると、この資料の内容を把握することが、この本を手にされた皆さんにとって非常に困難であったのではないでしょうか。

　今回、私は3月中旬に公布された介護報酬改定に関する資料に目を通してみて、私なりに「ある種の一つの仮説・理由」に辿り着きました。それは、一言で言えば、今回の介護報酬改定では「仕組みが変わった」ということです。

つまり、従来までの延長線上で、今回の介護報酬改定の資料を読み込もうとすると、この仕組みが変化したことにより、介護報酬改定に関する資料の理解が困難であったはずなのです。

こういったことから、今回の「仕組みの変化」や「資料の読み方」について、日頃業務に忙しい多くの介護事業所の管理者、居宅介護支援専門員、行政担当者を含め、多くの方々が介護報酬改定における内容の理解を少しでも助けることができるよう、また介護保険を利用する方々に、分かりやすく説明ができるような本を書き上げることを目的として、今回この本を出版する運びとなりました。

この本の構成は、介護報酬改定における資料を理解するにあたり、資料を読むにあたっての基本的な内容を押さえてから、今回の「仕組みが変化」した部分を説明して参ります。この本を手にする皆さまが、介護報酬の単位数を追うのではなく、その背後にある介護保険制度の方向性を意識できるようになれたのであれば、筆者として望外の喜びです。

東京税理士会麹町支部　税理士
東京都行政書士会千代田支部　行政書士
山田 勝義

目　次

I

介護報酬改定における
資料を読み解く「きほん」

1　まずは、法律等の構成の「きほん」を確認しよう

　介護報酬改定の資料を読んでいると、「似たような内容」で、「省令」やら「通達」などが出てきます。読んでいるうちに自分がどの部分を読んでいるのか、分からなくなってきてしまいます。

　最終的には、介護報酬を算定するにあたっての趣旨や要件を読み込むことができず、結果として「単に単位数を拾う」読み方になっていませんか。

　誰しも、新しいことに慣れることは大変ですし、それを成し遂げることは非常に忍耐が必要であることは理解できます。だからこそ、今回の本を通じて、この変化に対するシェルパを私が担いたいと思います。

　この本を手に取った皆さんは、この機に資料の構成を意識しながら、介護報酬改定の資料をぜひ読んでみましょう。

　さて、早速、今回の介護報酬改定の内容に入るにあたり、皆さんの理解を促進することができる項目を以下に紹介してみましょう。

　ここでは、分かりやすく法律等の構成を以下のとおり、まずは「強い順番」に並べてみました。

法律等の構成の「きほん」のまとめ

法律 (国会)【具体例：介護保険法】

⬇

政令 (内閣)【具体例：介護保険法施行令】

⬇

省令 (厚生労働省等)【具体例：介護保険法施行規則】

⬇

通達・告示 (省庁内、地方公共団体)【具体例：行政庁内部業務の運用・取扱】

用語の意味

法律…日本国憲法の定める方式に従い、国会の議決を経て制定される国法の形式。

政令…各種の法令のうち、内閣によって制定される命令。

省令…各省大臣が主任の行政事務について法律若しくは政令を施行するため又は法律若しくは政令の特別の委任に基づいて発する命令。

通達…内閣総理大臣（内閣府）、各省大臣、各委員会及び各庁の長官がその所掌事務に関して所管の諸機関や職員に命令又は示達する形式の一種。

告示…公の機関が公示を必要とする事項その他一定の事項を公式に広く一般に知らせる行為、又はその行為の形式の一種。

（参考資料：有斐閣『法律用語辞典』法令用語研究会　編）

内容を掴むために「読み方」も工夫しよう

ア　法律等の文言にあたるとき、「**主体は誰か**」を常に意識しましょう。

イ　**強行規定（「しなければならない」）か、容認規定（「することができる」）かを分けて**考えましょう。

ウ　長い法律の文章にあたると「カッコがたくさんある」場合が多いと思います。この場合、**まず一旦「カッコ部分を飛ばして」読んでみましょう。**その後、「**一番外側のカッコに対応する文書**」→「**内側のカッコに対応する文書**」の順番で読んでみましょう。文章の意味が取りやすくなるはずです。

2　そして全体感、「制度として傾向」を考えよう

　介護保険制度が始まってから、各施設系や居宅系の基本報酬に対して、**政策誘導の趣旨から「加算項目」が算定される**ことが多いように思います。このことが、その制度趣旨や目的を分かりにくくしている理由の一つと言うことができます。

　つまり、介護報酬改定にあたっての「制度としての傾向」を把握することができれば、介護報酬関係の資料を調べる時に、法令や通達等にあたることが容易になると思います。

　筆者はこの10年程度、社会保障審議会介護保険部会や介護報酬分科会を「継続的に傍聴」しています。そのトレンドを本書に盛り込みながら、今回の介護報酬改定の制度趣旨や要件等を、皆さんと一緒に確認したいと思います。

　今回の介護報酬改定の特徴は、基本報酬の単位数や加算の単位数に「あまり大きな変化は無い」とも言えます。しかし、これは本当でしょうか。実は、私は今までの介護報酬改定とは異なり**「仕組み」が劇的に変化していく第一歩**であると、今回の介護報酬改定を捉えています。**介護に対する考え方が、「定性分析」によるものから、科学的介護としてエビデンスに基づく「定量分析」に変化**していくための第一歩であると思うのです。

　一部のお客様からは、「今回の介護報酬の内容がよく分からない」と、よく質問を受けます。それは分からなくて当然なのです。**なぜなら介護報酬改定を、「今までの価値観の延長線上で考えているから」**分からないのは当然なのです。

　私たちは今回の介護報酬改定を通じて、科学的介護としてエビデンスに基づく「定量分析」による介護に変化していかなければならないのです。

今回の介護報酬改定の「特徴」と「方向性」

① 今回の介護報酬改定は基本報酬の単位数や加算の単位数に「あまり大きな変化が無い」

② 今までの介護報酬改定とは異なり「仕組み」が劇的に変化している

③ 介護に対する考え方が「定性分析」から「定量分析」へ

　　→「科学的介護としてエビデンスに基づく「定量分析」に変化」

今回の介護報酬改定の「制度としての傾向」

ア 「基本報酬」とは、介護保険制度に基づく各サービスを、指定介護保険事業者が提供した場合、対価として得ることができる報酬です。また「加算」とは、基本報酬に付随して、行政が「一定の目的を達成するため」に算定する項目を指します。つまり、これは行政サイドの「政策誘導」の項目であると言い換えることができます。

イ 「一定の目的が達成するため」に加算は算定されるものですが、この目的を達成した際には、当該加算は「基本報酬に組み込まれる形」で廃止されることが多いのです。

　　→「一定の目的が達成された」とする割合は、感覚値ですが「概ね全体の8割以上の事業者が当該加算を算定した時」が、一つのラインであると思われます。

　　→逆に加算の算定率が著しく低い場合は、例として「算定するための要件のハードルが高すぎる」、若しくは「加算報酬の単位数が低すぎる」などが考えられます。

　　→本当に「算定されていない加算項目」については廃止される傾向にあります。

ウ　介護保険報酬の種類は、制度開始当初より、加算項目が増大し、「複雑かつ分かりにくい」状態になってしまいました。このことから共通化することができる項目（算定項目・算定時間・書式等）については、極力「共通化」する傾向にあります。

エ　地方分権により、住民に近い各地方公共団体が財源と政策決定を担うことは理想的であると言えます。反面、介護保険に関する権限が各地方公共団体に委譲されたことによって「ローカルルール」が増えたことも否定できません。今後、行政サービスを電子化していくことを考えると、先ず第一段階として、行政上の届出の簡素化や、届出書式の簡素化・共通化・押印廃止等が必要であると思われます。また、事業者や介護職員への「過度の事務負担」は、本業に集中することができなくなる可能性も否めません。

オ　介護保険が始まって以来、事業者から提供された介護の効果は、感覚に基づいた「定性分析」であることが多いと思われます（例：介護を受けた方の顔色が良い等）。しかし、今後は限られた財源の中で介護を効果的に行っていくためには、科学的データ（エビデンス）に基づく「定量分析」が多く採用されていくものであると思います。

カ　介護保険制度が、自立支援の趣旨、かつ今後も持続可能な制度として成り立つような制度改正の方向性が示されています。特に「高齢者集合住宅」に関わる介護サービスの提供については、近年の介護報酬改定においても問題視されており、今回の制度改正の趣旨にも大きな影響があることを意識しましょう。

キ　業務に関する各種会議について、テレビ電話装置等を活用して行うことができる項目が多く定められているので、これを活用し、事業所として

の業務効率性の向上を図りましょう。また、利用者等が参加する場合は、上記テレビ電話装置等の活用に先立ち、当該利用者等の同意を得なければならないことに注意しましょう。なお、テレビ電話装置等の活用にあたっては、個人情報保護委員会・厚生労働省「医療・介護関係事業者における個人情報の適切な取扱いのためのガイダンス」、厚生労働省「医療情報システムの安全管理に関するガイドライン」等を遵守しましょう。

ク　今回の介護報酬改定における最大の変更点は、介護事業を行い、介護報酬を得ていくうえで、考え方や仕組みに大きな変化が生じた介護報酬改定であったと感じています。つまり、介護サービスの質の評価と科学的介護の取組を推進し、介護サービスの質の向上を図る観点から、科学的データ（エビデンス）に基づく「定量分析」が採用されていく方向性が強く感じられます。

　　これは、以下、「指定居宅サービス等及び指定介護予防サービス等に関する基準について（平成11年9月17日 老企第25号）」にも、次のように記載されています。「指定居宅サービスの提供にあたっては、法第118条の2第1項に規定する介護保険等関連情報等を活用し、事業所単位でPDCAサイクルを構築・推進することにより、提供するサービスの質の向上に努めなければならない」。また、「科学的介護情報システム（LIFE）」に情報を提出し、当該情報及びフィードバック情報を活用することが望ましいと示されています。

　　具体的には、各サービス（施設系サービス、通所系サービス、居住系サービス、多機能系サービス）（以下、クでは「各サービス」という。）について、LIFEの収集項目の各領域（総論（ADL）、栄養、口腔・嚥下、認知症）について、事業所の全ての利用者に係るデータを横断的にLIFEに提出してフィードバックを受け、それに基づき事業所の特性やケアの在り方等を検証して、利用者のケアプランや計画に反映させる、事業所単位

でのPDCAサイクルの推進・ケアの質の向上の取組を評価する新たな加算が創設されたことからも証明されているでしょう。

　また、提出・活用するデータについては、サービスごとの特性や事業所の入力負担等を勘案した項目とされています。加えて、詳細な既往歴や服薬情報、家族の情報等より精度の高いフィードバックを受けることができる項目を提出・活用した場合には、更なる評価を行う区分が新たに設けられています。

　今回の介護報酬改定の各サービスでは、LIFEの収集項目の各領域に関連する加算等では、その加算算定の前提として利用者ごとの計画書の作成とそれに基づくケアの実施・評価・改善等を通じたPDCAサイクルの取組に加えて、LIFEへのデータ提出とフィードバックの活用により更なるPDCAサイクルの推進・ケアの質の向上を図ることが評価・推進されています。今回の介護報酬改定では、表層上「科学的介護に関する加算項目の算定要件」に留まっているが、今後は、この考え方が介護事業を行っていくうえでの中心的な考え方になっていきます。つまり、今回の介護報酬改定を通じて、「この考え方」や「業務の流れ」に適応する準備をしていかなければ、次回の介護報酬改定では、事業所として非常に厳しい立場に置かれることになるのでしょう。

コメント　ある意味、今回の介護報酬改定では、表層上「科学的介護に関する加算項目の算定要件」に留まっているので、極端なことを言えば、「分からない」から、当該加算を「算定しない」という考え方の事業所の方々もいるでしょう。しかし、次回の介護報酬改定（令和6年度）では、この科学的介護に関する項目が科学的データ（エビデンス）に基づく「定量分析」としてもっと採用されていくでしょう。これは、以下のケを見ると分かります。

ケ　介護関連データの収集・活用及びPDCAサイクルによる科学的介護を推進していく観点から、全てのサービス（居宅介護支援を除く）について、LIFEを活用した計画の作成や事業所単位でのPDCAサイクルの推進、ケアの質の向上の取組を推奨しています。居宅介護支援については、各利用者のデータ及びフィードバック情報のケアマネジメントへの活用を推奨しています。つまり、介護報酬の加算算定の話に留まらず、上記のように「科学的介護を推進していくうえでの取組・考え方、データやフィードバック情報をケアマネジメントへ活用することを推奨する」と今回の省令改正では記載されているのです。

コメント　今後、この「科学的介護」の考え方が介護事業での中心的な考え方となります。この考え方に適応しなければ、事業所として厳しい立場に置かれてしまう恐れがあります。

　私たちは、介護保険制度の中で業務を行っています。この中で業務を効率的に行うために介護保険制度に精通することが重要です。こうしたことから、今回「読み方の意識」や「制度としての傾向」を示してきました。

　では、次に「科学的介護」という言葉が頻繁に出てきますが、資料【図1】～【図7】を提示します。この資料は、「令和3年3月12日　介護保険最新情報Vol.931において、「科学的介護情報システム（LIFE）」の活用等について」において、掲載されている資料ですので、これをぜひ確認しておくことをお勧めします。

　本書は、「科学的介護」を正面から理解するものではなく、介護報酬改定資料の読み方や理解を促すためのものですので、本論点はここまでとします。

【図1】 科学的介護の全体像①

科学的裏付けに基づく介護（科学的介護）とは

別添2

医療分野における「根拠（エビデンス）に基づく医療」（Evidence Based Medicine：EBM）

○ 「診ている患者の臨床上の疑問点に関して、医師が関連文献等を検索し、それらを批判的に吟味した上で患者への適用の妥当性を評価し、さらに患者の価値観や意向を考慮した上で臨床判断を下し、専門技能を活用して医療を行うこと」と定義できる実践的な手法。
（医療技術評価推進検討会報告書，厚生省健康政策局研究開発振興課医療技術情報推進，平成11年3月23日）
(Guyatt GH. Evidence-based medicine. ACP J Club. 1991;114(suppl 2):A-16.)

1990年代以降、医療分野においては、「エビデンスに基づく医療」が実施されている。

介護分野における取組み

○ 介護保険制度は、単に介護を要する高齢者の身の回りの世話をするというだけではなく、高齢者の尊厳を保持し、自立した日常生活を支援することを理念とした制度。

○ 介護分野においても科学的手法に基づく分析を進め、エビデンスを蓄積し活用していくことが必要であるが、現状では、科学的に効果が裏付けられた介護が、十分に実践されているとは言えない。

○ エビデンスに基づいた自立支援・重度化防止等を進めるためには、現場・アカデミア等が一体となって科学的裏付けに基づく介護を推進するための循環が創出できる仕組みを形成する必要がある。

介護関連データベースによる情報の収集・分析、現場へのフィードバックを通じて、科学的裏付けに基づく介護の普及・実践をはかる。

1

（令和3年3月12日　介護保険最新情報Vol.931より引用）

【図2】 科学的介護の全体像②

科学的介護にかかる検討の取りまとめ経過等①

はじめに

○ 介護サービスの需要増大が見込まれ、制度の持続可能性を確保できるよう、介護職員の働き方改革と利用者に対するサービスの質の向上を両立できる、新たな「介護」のあり方についての検討が必要である。

○ 介護保険制度は、高齢者の尊厳を保持し、自立した日常生活を支援することを理念とした制度であるが、介護サービスのアウトカム等について、科学的な検証に裏付けられた客観的な情報が十分に得られているとはいえない状況である。

○ 介護分野でも、科学的手法に基づく分析を進め、エビデンスを蓄積し活用していくことが必要であり、分析成果のフィードバックによる介護サービスの質の向上も期待できる。

科学的裏付けに基づく介護（科学的介護）について

○ エビデンスに基づいた自立支援・重度化防止等を進めるためには、以下の取組を実践しつつ、現場・アカデミア等が一体となって科学的裏付けに基づく介護を推進するための循環が創出できる仕組みを形成する必要がある。
① エビデンスに基づいた介護の実践
② 科学的に妥当性のある指標等の現場からの収集・蓄積および分析
③ 分析の成果を現場にフィードバックすることで、更なる科学的介護を推進

○ 介護分野では、医療における「治療効果」等の関係者間でコンセンサスの得られた評価指標が必ずしも存在するわけではなく、個々の利用者等の様々なニーズや価値判断が存在する。

○ 科学的介護を実践していくためには、科学的に妥当性のある指標を用いることが様々なデータの取得・解析に当たっての前提とならざるを得ないが、科学的に妥当性のある指標等が確立していない場合もある。

○ 科学的介護の推進にあたっては、介護保険制度が関係者の理解を前提とした共助の理念に基づく仕組みであることを踏まえつつ、様々な関係者の価値判断を尊重して検討を行っていくことが重要である。

2

（令和3年3月12日　介護保険最新情報Vol.931より引用）

【図3】 科学的介護の全体像③

科学的介護にかかる検討の取りまとめ経過等②

CHASEにおける収集項目について

○ 収集項目については、以下のような基準に準じて選定。
・信頼性・妥当性があり科学的測定が可能なもの
・データの収集に新たな負荷がかからないもの
・国際的に比較が可能なもの

○ 事業所等の負担等を考慮し、既に事業所等に集積されている情報等を踏まえてた整理を実施。
① 基本的な項目：できるだけ多くの事業所等で入力されるべき項目
② 目的に応じた項目：介護報酬上の加算の対象となる事業所等において入力されるべき項目
③ その他の項目：各事業所で任意に入力できるようにするべき項目、フィージビリティを検討した上で収集対象とすべき項目等

○ 科学的介護の対象領域は、介護給付、予防給付、介護予防・日常生活支援総合事業等の介護保険制度がカバーする全領域であるが、どこまで評価・入力等を求めていくかは、フィージビリティを検証しつつ制度面を含めて検討する必要がある。

○ 科学的介護の仕組みについて、関係者の理解を得るためには、サービスの利用者やデータ入力を行う事業所等がデータの分析結果の恩恵を享受できるようフィードバックできる仕組みが必要である。

将来的な方向性等について

○ 新たに指標の科学的な妥当性が確保されるなど、収集のフィージビリティが検証された項目については、適宜、CHASEの収集項目に追加していくことが必要。

○ アウトカムに関する情報等を分析・比較する場合、介入に係るデータの収集も必要であり、国際化も視野に入れICHI 等への対応を考慮し検討を進めていく。

○ CHASEにおける収集に実効性を持たせていくためには、今後の介護保険制度改正や介護報酬改定に係る議論等において、CHASEを用いた解析結果等も生かしつつ、関係者の理解を得ながら、収集のための仕組みを検討していく必要がある。

○ 介護の場は、高齢者等の生活の場でもあることから、より幸福感や人生の満足感等も含めた生活の視点を重視し、利用者の社会参加、食事の方法、排泄の方法、日中の過ごし方、本人の意思の尊重、本人の主体性を引き出すようなケアの提供方法等について、現場へのフィードバックも含めて検討を進めていく。

○ 医療分野の個人単位被保険者番号の活用に係る議論やNDBと介護DB、その他の公的DB・人口動態統計（死亡票）など公的統計との今後の連携も見据え、厚生労働省全体で検討を進めていくが必要である。

○ 今後、厚生労働省がCHASEを科学的介護に活かす仕組みを着実に整備し、アウトカム評価等による質の高い介護に対するインセンティブ措置を拡充していくことで、介護のパフォーマンスの向上が期待される。

3

（令和3年3月12日　介護保険最新情報Vol.931より引用）

【図4】 科学的介護の全体像④

VISIT・CHASEによる科学的介護の推進（イメージ）

社保審－介護給付費分科会	
第185回（R2.9.14）	資料

○ 計画書の作成等を要件とするプロセス加算において実施するPDCAサイクルの中で、
・ これまでの取組み等の過程で計画書等を作成し、ケアを実施するとともに、
・ その計画書等の内容をデータ連携により大きな負荷なくデータを送信し、
・ 同時にフィードバックを受けることにより、利用者の状態やケアの実績の変化等を踏まえた計画書の改善等を行うことで、

データに基づくさらなるPDCAサイクルを推進し、ケアの質の向上につなげる。

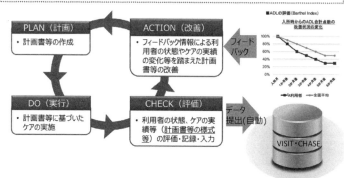

4

（令和3年3月12日　介護保険最新情報Vol.931より引用）

【図5】 科学的介護の全体像⑤

個別化された自立支援・科学的介護の推進例（イメージ）

例①：リハビリテーションの提供に応じた、最適な栄養の提供について評価（利用者単位）

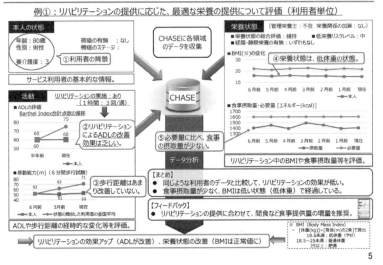

5

（令和3年3月12日　介護保険最新情報Vol.931より引用）

【図6】 科学的介護の全体像⑥

個別化された自立支援・科学的介護の推進例（イメージ）

例②：施設入所者の排せつ状態の改善に係る取組の評価（事業所単位）

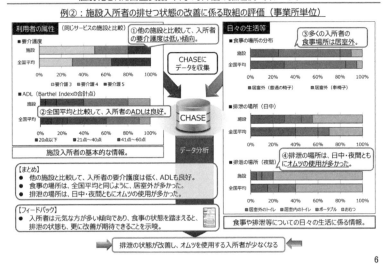

6

（令和3年3月12日　介護保険最新情報Vol.931より引用）

【図 7】 科学的介護の全体像⑦

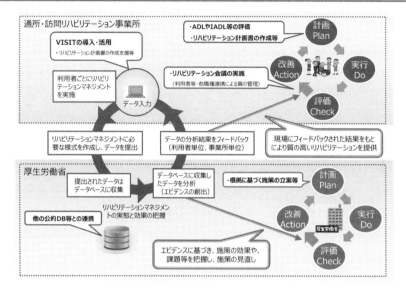

社保審－介護給付費分科会		
第178 (R2.6.25)		資料 1

VISITを用いたPDCAサイクルの好循環のイメージ

7

（令和 3 年 3 月 12 日　介護保険最新情報Vol.931 より引用）

3　資料を読むうえで「共通事項」を意識しよう

　今回の介護報酬改定は、「単位数」自体の大きな変動項目は多くはありません。しかし、科学的介護に対する考え方が本格的に導入されるなど仕組みが大きく変化したようにも思えます。こういった意味から「**従来の考え方の延長線上**」で、**今回の介護報酬改定に関する資料にあたり、考えようと試みると、非常に分かりにくい面が出てくる**と思われます。

　こうしたところから、前述の「2　そして全体感、「制度として傾向」を考えよう」により傾向・方向性を示しました。

　今回の介護報酬改定においても、**各サービスに共通する事項が数多く存在しており、この項目がサービスごとに「何回も登場する」ので内容を確認する際、読みにくい面が生じる可能性**があります。

　よって、**この項目では「共通事項」として意識し、最初に理解してしまうことにより、各サービスの個別項目の内容を理解しやすいような形**にしましょう。

　以下の項目が、今回の介護報酬改定における「共通事項」であることから、早速これに着目し、論点整理をしていきましょう。

(注)「通知・Q＆A関係」は、各サービスで共通し、代表的な項目を挙げています。

共通事項 【関係するサービス：全サービス】

① 感染症対策の強化【新規】

② 業務継続に向けた取組の強化【新規】

③ 災害への地域と連携した対応の強化【新規】

④ LIFE情報の収集・活用とPDCAサイクルの推進【新規】

⑤ 人員配置基準における両立支援への配慮【変更】

⑥ ハラスメント対策の強化【新規】

⑦ 会議や多職種連携におけるICTの活用【新規・変更】

⑧ 利用者への説明・同意等に係る見直し【変更】

⑨ 員数の記載や変更届出の明確化【変更】

⑩ 記録の保存等に係る見直し【変更】

⑪ 運営規程の掲示の柔軟化【新規】

⑫ 高齢者虐待防止の推進【新規】

① 感染症対策の強化【新規】

　介護サービス事業者に、感染症の発生及びまん延等に関する取組の徹底を求める観点から、以下の取組を義務づける。【省令改正】

→3年間の経過措置期間あり。

ア　施設系サービス

　　【現行】委員会の開催、指針の整備、研修の実施

　　【新規】訓練（シュミレーション）の実施等

イ　その他のサービス

　　【新規】委員会の開催、指針の整備、研修の実施、訓練の実施等

通知・Q＆A関係

○指定居宅介護支援等の事業の人員及び運営に関する基準について（平成11年7月29日 老企第22号）

第2　指定居宅介護支援等の事業の人員及び運営に関する基準

3　運営に関する基準

（16）感染症の予防及びまん延の防止のための措置

　基準21条の2に規定する感染症が発生し、又はまん延しないように講ずべき措置については、具体的には次のイからハまでの取扱いとすること。各事項について、同項に基づき事業所に実施が求められているものであるが、他のサービス事業者との連携により行うことも差し支えない。

　なお、当該義務付けの適用にあたっては、令和3年改正省令附則第4条において、3年間の経過措置を設けており、令和6年3月31日までの間は、努力義務とされている。

イ　感染症の予防及びまん延の防止のための対策を検討する委員会

　　　当該事業所における感染症の予防及びまん延の防止のための対策を検討する委員会（以下「感染対策委員会」という。）であり、感染対策の知識を有するも者を含む、幅広い職種により構成することが望ましく、特に、感染症対策の知識を有する者については外部の者も含め積極的に参画を得ることが望ましい。構成メンバーの責任及び役割分担を明確にするとともに、専任の感染症対策を担当するもの（以下「感染対策担当者」という。）を決めておくことが必要である。感染対策委員会は、利用者の状況など事業所の状況に応じ、概ね６月１回以上、定期的に開催するとともに、感染症対策が流行する時期等を勘案して必要に応じ随時開催する必要がある。

　　　感染対策委員会は、テレビ電話装置等（リアルタイムでの画像を介したコミュニケーションが可能な機器をいう。）を活用して行うことができるものとする。この際、個人情報保護委員会・厚生労働省「医療・介護関係事業者における個人情報の適切な取扱いのためのガイダンス」、厚生労働省「医療情報システムの安全管理に関するガイドライン」等を遵守すること。

　　　なお、感染対策委員会は、他の会議体を設置している場合、これと一体的に措置・運営することとして差し支えない。また、事業所に実施が求められるものであるが、他のサービス事業者との連携等により行うことも差し支えない。（省略）

ロ　感染症の予防及びまん延の防止のための指針

　　　当該事業所における「感染症の予防及びまん延の防止のための指針」には、平常時の対策及び発生時の対応を規定する。

　　　平常時の対策としては、事業所内の衛生管理（環境の整備等）、ケアにかかる感染対策（手洗い、標準的な予防策）等、発生時の対応としては、発生状況の把握、感染拡大の防止、医療機関や保健所、市町村における事業所関係課等の関係機関との連携、行政等への報告等が想定される。ま

た、発生時における事業所内の連絡体制や上記の関係機関への連絡体制を整備し、明記しておくことも必要である。

　なお、それぞれの項目の記載内容の例については、「介護現場における感染対策の手引き」を参照されたい。

ハ　感染症の予防及びまん延の防止のための研修及び訓練

　介護支援専門員等に対する「感染症の予防及びまん延の防止のための研修」の内容は、感染対策の基礎的内容等の適切な知識を普及・啓発するとともに、当該事業所における指針に基づいた衛生管理の徹底や衛生的なケアの励行を行うものとする。

　職員教育を組織的に浸透させていくためには、当該事業所が定期的な教育（年1回以上）を開催するとともに、新規採用時には感染対策研修を実施することが望ましい。また、研修の実施内容についても記録することが必要である。

　なお、研修の実施は、厚生労働省「介護施設・事業所の職員向け感染症対策力向上のための研修教材」等を活用するなど、事業所内で行うものでも差し支えなく、当該事業所の実態に応じ行うこと。

　また、平時から、実際に感染症が発生した場合を想定し、発生時の対応について、訓練（シミュレーション）を定期的（年1回以上）に行うことが必要である。訓練においては、感染症発生時において迅速に行動できるよう、発生時の対応を定めた指針及び研修内容に基づき、事業所内の役割分担の確認や、感染対策をした上でのケアの演習等を実施するものとする。

　訓練の実施は、机上を含めたその実施手法は問わないものの、机上及び実地で実施するものを適切に組み合わせながら実施することが適切である。

○指定居宅サービス等及び指定介護予防サービス等に関する基準について（平成11年9月17日 老企第25号）

第3　介護サービス ― 訪問介護

3　運営に関する基準

（23）衛生管理等

① （省略）

② 同条第3項に規定する感染症が発生し、又はまん延しないように講ずべき措置については、具体的には次のイからハまでの取扱いとすること。各事項について、同項に基づき事業所に実施が求められているものであるが、他のサービス事業者との連携により行うことも差し支えない。

　　なお、当該義務付けの適用にあたっては、令和3年改正省令附則第4条において、3年間の経過措置を設けており、令和6年3月31日までの間は、努力義務とされている。

イ　感染症の予防及びまん延の防止のための対策を検討する委員会

　　当該事業所における感染症の予防及びまん延の防止のための対策を検討する委員会（以下「感染対策委員会」という。）であり、感染対策の知識を有するも者を含む、幅広い職種により構成することが望ましく、特に、感染症対策の知識を有する者については外部の者も含め積極的に参画を得ることが望ましい。構成メンバーの責任及び役割分担を明確にするとともに、専任の感染症対策を担当するもの（以下「感染対策担当者」という。）を決めておくことが必要である。感染対策委員会は、利用者の状況など事業所の状況に応じ、概ね6月1回以上、定期的に開催するとともに、感染症対策が流行する時期等を勘案して必要に応じ随時開催する必要がある。

　　感染対策委員会は、テレビ電話装置等（リアルタイムでの画像を介したコミュニケーションが可能な機器をいう。）を活用して行うことができるものとする。この際、個人情報保護委員会・厚生労働省「医療・介護関係事業者における個人情報の適切な取扱いのためのガイダンス」、厚

生労働省「医療情報システムの安全管理に関するガイドライン」等を遵守すること。

　なお、感染対策委員会は、他の会議体を設置している場合、これと一体的に措置・運営することとして差し支えない。また、事業所に実施が求められるものであるが、他のサービス事業者との連携等により行うことも差し支えない。

ロ　感染症の予防及びまん延の防止のための指針

　当該事業所における「感染症の予防及びまん延の防止のための指針」には、平常時の対策及び発生時の対応を規定する。

　平常時の対策としては、事業所内の衛生管理（環境の整備等）、ケアにかかる感染対策（手洗い、標準的な予防策）等、発生時の対応としては、発生状況の把握、感染拡大の防止、医療機関や保健所、市町村における事業所関係課等の関係機関との連携、行政等への報告等が想定される。また、発生時における事業所内の連絡体制や上記の関係機関への連絡体制を整備し、明記しておくことも必要である。

　なお、それぞれの項目の記載内容の例については、「介護現場における感染対策の手引き」を参照されたい。

ハ　感染症の予防及びまん延の防止のための研修及び訓練

　登録訪問介護員等を含めて、訪問介護員等その他の従業者に対する「感染症の予防及びまん延の防止のための研修」の内容は、感染対策の基礎的内容等の適切な知識を普及・啓発するとともに、当該事業所における指針に基づいた衛生管理の徹底や衛生的なケアの励行を行うものとする。

　職員教育を組織的に浸透させていくためには、当該事業所が定期的な教育（年1回以上）を開催するとともに、新規採用時には感染対策研修を実施することが望ましい。また、研修の実施内容についても記録することが必要である。

　なお、研修の実施は、厚生労働省「介護施設・事業所の職員向け感染症

対策力向上のための研修教材」等を活用するなど、事業所内で行うものでも差し支えなく、当該事業所の実態に応じ行うこと。

　また、平時から、実際に感染症が発生した場合を想定し、発生時の対応について、訓練（シミュレーション）を定期的（年1回以上）に行うことが必要である。訓練においては、感染症発生時において迅速に行動できるよう、発生時の対応を定めた指針及び研修内容に基づき、事業所内の役割分担の確認や、感染対策をした上でのケアの演習などを実施するものとする。

　訓練の実施は、机上を含めその実施手法は問わないものの、机上及び実地で実施するものを適切に組み合わせながら実施することが適切である。

○「令和3年度介護報酬改定に関するQ&A（Vol.7）（令和3年4月21日）」
○運営規程について
問1　令和3年度改定において、運営基準等で経過措置期間を定め、介護サービス事業者等に義務づけられたものがあるが、これらについて運営規程においてどのように扱うのか。
（答）　介護保険法施行規則に基づき運営規程については、変更がある場合は都道府県知事又は市町村長に届け出ることとされているが、今般介護サービス事業所等に対し義務づけられたもののうち、経過期間が定められているものについては、当該期間においては、都道府県知事等に届け出ることまで求められない。

○令和3年9月30日までの上乗せ分について
問2　令和3年9月30日までの上乗せ分については、どのように算定するのか。
（答）　令和3年9月30日までの間は、各サービスの月の基本報酬に、0.1%上乗せすることとしているが、請求にあたっては、上乗せ分のコードを併せて入力することが必要であり、行われない場合返戻となる。

「介護保険事務処理システム変更に係る参考資料の送付について（確定版）」（令和3年3月31日厚生労働省老健局介護保険計画課ほか連名事務連絡）「Ⅲ-資料3　介護給付費明細書及び給付管理票記載例」の記載方法を参考にされたい。

② 業務継続に向けた取組の強化【新規】

　感染症や災害が発生した場合であっても、必要な介護サービスが継続的に提供できる体制を構築する観点から、全ての介護サービス事業者を対象に、業務継続に向けた計画等の策定、研修の実施、訓練（シュミレーション）の実施等を義務づける。【省令改正】

→3年間の経過措置期間あり。

→「介護施設・事業所における新型コロナウイルス感染症発生時の業務継続ガイドライン」を参照のこと。

通知・Q＆A関係 ∭∭∭

○指定居宅介護支援等の人員及び運営に関する基準について（平成11年7月29日 老企第22号）

第2　指定居宅介護支援等の事業の人員及び運営に関する基準

3　運営に関する基準

（14）業務継続計画の策定等

①基準護第19条の2は、指定居宅介護支援事業者は、感染症や災害が発生した場合にあっても、利用者が継続して指定居宅介護支援の提供を受けられるよう、指定居宅介護支援の提供を継続的に実施するための、及び非常時の体制で早期の業務再開を図るための計画（以下「業務継続計画」という。）を策定するとともに、当該業務継続計画に従い、介護支援専門員その他の従業者に対して、必要な研修及び訓練（シュミレーション）を実施しなければならないこととしたものである。（省略）なお、業務継続計画の策定、研修及び訓練の実施については、基準第19条の2に基づき事業所に実施が求められるものであるが、他のサービス事業所との連携等により行うことも

差し支えない。また、感染症や災害が発生した場合には、従業者が連携し取り組むことが求められることから、研修及び訓練の実施にあたっては、全ての従業者が参加できるようにすることが望ましい。

　なお、当該義務付けの適用にあたっては、指定居宅サービス等の事業の人員、設備及び運営に関する基準等の一部を改正する省令（令和3年厚生労働省令第9号。以下「令和3年改正省令」という。）附則第3条において、3年間の経過措置を設けており、令和6年3月31日までの間は、努力義務とされる。

②業務継続計画には、以下の項目等を記載すること。なお、各項目の記載内容については、「介護施設・事業所における新型コロナウイルス感染症発生時の業務継続ガイドライン」及び「介護施設・事業所における自然災害発生時の業務継続ガイドライン」を参照されたい。また、想定される災害等は地域によって異なるものであることから、項目については実態に応じて設定すること。なお、感染症及び災害の業務継続計画を一体的に策定することを妨げるものではない。

イ　感染症に係る業務継続計画

　　a　平時からの備え（体制構築・整備、感染症防止に向けた取組の実施、備蓄品の確保等）

　　b　初動対応

　　c　感染症拡大防止体制の確立（保健所との連携、濃厚接触者への対応、関係者との情報共有等）

ロ　災害に係る業務継続計画

　　a　平常時の対応（建物・設備の安全対策、電気・水道等のライフラインが停止した場合の対策、必要品の備蓄等）

　　b　緊急時の対応（業務継続計画発動基準、対応体制等）

　　c　他施設及び地域との連携

③研修の内容は、感染症及び災害に係る業務継続計画の具体的内容を職員間に共有するとともに、平常時の対応の必要性や、緊急時の対応にかかる理

解の励行を行うものとする。

　職員教育を組織的に浸透させていくために、定期的（年1回以上）な教育を開催するとともに、新規採用時には別に研修を実施することが望ましい。また、研修の実施内容についても記録すること。なお、感染症の業務継続計画に係る研修については、感染症の予防及びまん延の防止のための研修については、感染症の予防及びまん延の防止のための研修と一体的に実施することも差し支えない。

④訓練（シュミレーション）においては、感染症や災害が発生した場合において迅速に行動できるよう、業務継続計画に基づき、事業所内の役割分担の確認、感染症や災害が発生した場合に実践するケアの演習等を定期的（年1回以上）に実施するものとする。なお、感染症の業務継続計画に係る訓練については、感染症の予防及びまん延の防止のための訓練と一体的に実施することで差し支えない。

　訓練の実施は、机上を含めその実施手法は問わないものの、机上及び実地で実施するものを適切に組み合わせながら実施することが適切である。

―――

○指定居宅サービス等及び指定介護予防サービス等に関する基準について（平成11年9月17日 老企第25号）

第3　介護サービス ― 訪問介護

3　運営に関する基準

（22）業務継続計画の策定等

①居宅基準介護第30条の2は、指定訪問介護事業者は、感染症や災害が発生した場合にあっても、利用者が継続して指定訪問介護の提供を受けられるよう、指定訪問介護の提供を継続的に実施するための、及び非常時の体制で早期の業務再開を図るための計画（以下「業務継続計画」という。）を策定するとともに、当該業務継続計画に登録訪問介護員等を含めて、訪問介護員等その他の従業者に対して、必要な研修及び訓練（シュミレーション）を実施しなければならないこととしたものである。なお、業務継続計画の策

定、研修及び訓練の実施については、居宅基準第30条の2に基づき事業所に実施が求められるものであるが、他のサービス事業所との連携等により行うことも差し支えない。また、感染症や災害が発生した場合には、従業者が連携し取り組むことが求められることから、研修及び訓練の実施にあたっては、全ての従業者が参加できるようにすることが望ましい。

　なお、当該義務付けの適用にあたっては、指定居宅サービス等の事業の人員、設備及び運営に関する基準等の一部を改正する省令（令和3年厚生労働省令第9号。以下「令和3年改正省令」という。）附則第3条において、3年間の経過措置を設けており、令和6年3月31日までの間は、努力義務とされる。

②業務継続計画には、以下の項目等を記載すること。なお、各項目の記載内容については、「介護施設・事業所における新型コロナウイルス感染症発生時の業務継続ガイドライン」及び「介護施設・事業所における自然災害発生時の業務継続ガイドライン」を参照されたい。また、想定される災害等は地域によって異なるものであることから、項目については実態に応じて設定すること。なお、感染症及び災害の業務継続計画を一体的に策定することを妨げるものではない。

　イ　感染症に係る業務継続計画

　　　a　平時からの備え（体制構築・整備、感染症防止に向けた取組の実施、備蓄品の確保等）

　　　b　初動対応

　　　c　感染症拡大防止体制の確立（保健所との連携、濃厚接触者への対応、関係者との情報共有等）

　ロ　災害に係る業務継続計画

　　　a　平常時の対応（建物・設備の安全対策、電気・水道等のライフラインが停止した場合の対策、必要品の備蓄等）

　　　b　緊急時の対応（業務継続計画発動基準、対応体制等）

　　　c　他施設及び地域との連携

③研修の内容は、感染症及び災害に係る業務継続計画の具体的内容を職員間に共有するとともに、平常時の対応の必要性や、緊急時の対応にかかる理解の励行を行うものとする。

　職員教育を組織的に浸透させていくために、定期的（年1回以上）な教育を開催するとともに、新規採用時には別に研修を実施することが望ましい。また、研修の実施内容についても記録すること。なお、感染症の業務継続計画に係る研修については、感染症の予防及びまん延の防止のための研修と一体的に実施することも差し支えない。

④訓練（シュミレーション）においては、感染症や災害が発生した場合において迅速に行動できるよう、業務継続計画に基づき、事業所内の役割分担の確認、感染症や災害が発生した場合に実践するケアの演習等を定期的（年1回以上）に実施するものとする。なお、感染症の業務継続計画に係る訓練については、感染症の予防及びまん延の防止のための訓練と一体的に実施することで差し支えない。

　訓練の実施は、机上を含めその実施手法は問わないものの、机上及び実地で実施するものを適切に組み合わせながら実施することが適切である。

○「令和3年度介護報酬改定に関するQ＆A（Vol.7）（令和3年4月21日）」

○運営規程について

問1　令和3年度改定において、運営基準等で経過措置期間を定め、介護サービス事業者等に義務付けられたものがあるが、これらについて運営規程においてどのように扱うのか。

（答）　介護保険法施行規則に基づき運営規程については、変更がある場合は都道府県知事又は市町村長に届け出ることとされているが、今般介護サービス事業所等に対し義務付けられたもののうち、経過期間が定められているものについては、当該期間においては、都道府県知事等に届け出ることまで求められない。

③ 災害への地域と連携した対応の強化【新規】

災害への対応において、地域との連携が不可欠であることを踏まえ、非常災害対策が求められる介護サービス事業者を対象に訓練の実施にあたって、地域住民の参加が得られるよう連携に努めなければならない。【省令改正】

ア　非常災害対策
　　計画策定、関係機関との連携体制の確保、避難等訓練の実施等
イ　介護サービス事業者
　　通所系、短期入所系、特定施設、施設系

通知・Q＆A関係 ⅢⅢ

○指定居宅サービス等及び指定介護予防サービス等に関する基準について（平成11年9月17日 老企第25号）

第3　介護サービス　六　通所介護

3　運営に関する基準

（7）非常災害対策

①（省略）

②同条第2項は、指定通所介護事業者が前項に規定する避難、救出その他の訓練の実施にあたって、できるだけ地域住民の参加が得られるよう努めることとしたものであり、そのためには、日頃から地域住民との密接な連携体制を確保するなど、訓練の実施に協力を得られる体制づくりに努めることが必要である。訓練の実施にあたっては、消防関係者の参加を促し、具体的な指示を仰ぐなど、より実効性のあるものとすること。

（9）地域との連携等

①居宅基準第104条の2第1項は、指定通所介護の事業が地域に開かれた事業として行われるよう、指定通所介護事業者は、地域の住民やボランティア団体等との連携及び協力を行う等の地域との交流に努めなければならないこととしたものである。

②同条第2項は、居宅基準第3項第2項の趣旨に基づき、介護サービス相談員を派遣する事業を積極的に受け入れる等、市町村との密接な連携に努めることを規定したものである。なお、「市町村が実施する事業」には、介護サービス相談員派遣事業のほか、広く市町村が老人クラブ、婦人会その他の非営利団体や住民の協力を得て行う事業が含まれるものである。

③（省略）

④ LIFE情報の収集・活用とPDCAサイクルの推進【新規】

　介護サービスの質の評価と科学的介護の取組を推進し、介護サービスの質の向上を図る観点から、以下の見直しを行う。【省令改正・告示改正】

> 「科学的介護」の中心！

ア　施設系サービス、通所系サービス、居住系サービス、多機能系サービスについて、LIFEの収集項目の各領域（総論（ADL）、栄養、口腔・嚥下、認知症）について、事業所の全ての利用者に係るデータを横断的にLIFEに提出してフィードバックを受け、それに基づき事業所の特性やケアの在り方等を検証して、利用者のケアプランや計画に反映させる、事業所単位でのPDCAサイクルの推進・ケアの質の向上の取組を評価する新たな加算を創設する。

　その際、提出・活用するデータについては、サービスごとの特性や事業所の入力負担等を勘案した項目とする。加えて、詳細な既往歴や服薬情報、家族の情報等より精度の高いフィードバックを受けることができる項目を提出・活用した場合には、更なる評価を行う区分を設ける。【告示改正】

イ　施設系サービス、通所系サービス、居住系サービス、多機能系サービスについて、LIFEの収集項目の各領域に関連する加算等において、利用者ごとの計画書の作成とそれに基づくケアの実施・評価・改善等を通じた

PDCAサイクルの取組に加えて、LIFEへのデータ提出とフィードバックの活用により更なるPDCAサイクルの推進・ケアの質の向上を図ることを評価・推進する。【告示改正】

ウ　介護関連データの収集・活用及びPDCAサイクルによる科学的介護を推進していく観点から、全てのサービス（居宅介護支援を除く）について、LIFEを活用した計画の作成や事業所単位でのPDCAサイクルの推進、ケアの質の向上の取組を推奨する。居宅介護支援については、各利用者のデータ及びフィードバック情報のケアマネジメントへの活用を推奨する。【省令改正】

エ　LIFEを一体的に運用する観点から、LIFE情報についても上記の枠組みに位置付けて収集・活用する。

○科学的介護推進体制加算【新設】
【以下のサービス単位数：通所系、居住系、多機能系サービスを例示する】

【単位数】　　　　　　　　　　　　　　　　　　　　　　（単位：単位／回）

	現行	改定後	増減
科学的介護推進体制加算	×	40	+40

【算定要件】

ア　入所者・利用者ごとの心身の状況等の基本的な情報を厚生労働省に提出していること。

イ　サービスの提供にあたって、アに規定する情報を適切かつ有効に提供するために必要な情報を活用していること。

通知・Q＆A関係

○指定居宅サービス等及び指定介護予防サービス等に関する基準について（平成11年9月17日 老企第25号）

第3 介護サービス ― 訪問介護

3 運営に関する基準

（1）介護保険等関連情報の活用とPDCAサイクルの推進について

　居宅介護第3条第4項は、指定居宅サービスの提供にあたっては、法第118条の2第1項に規定する介護保険等関連情報等を活用し、事業所単位でPDCAサイクルを構築・推進することにより、提供するサービスの質の向上に努めなければならないこととしたものである。

　この場合において、「科学的介護情報システム（LIFE）」に情報を提出し、当該情報及びフィードバック情報を活用することが望ましい（この点については、以下の他のサービス種類についても同様。）。

○指定居宅サービスに要する費用の額の算定に関する基準（短期入所サービス及び特定施設入居者生活介護に係る部分）及び指定施設サービス等に要する費用の額の算定に関する基準の制定に伴う実施上の留意事項について（平成12年3月8日 老企第40号）

第2 居宅サービス単位表（短期入所生活介護費から特定施設入居者生活介護費に係る部分に限る。）及び施設サービス単位表

4 特定施設入居者生活介護費

（14）科学的介護推進体制加算について

①科学的介護推進体制加算は、原則として利用者全員を対象として、利用者ごとに注14に掲げる要件を満たした場合に、当該事業所の利用者全員に対して算定できるものである。

②情報の提出については、「科学的介護情報システム（LIFE）」（以下「LIFE」という。）を用いて行うこととする。LIFEへの提出情報、提出頻度等については、「科学的介護情報システム（LIFE）」関連加算に関する基本的考え方並びに事務処理手順及び様式例の提示について」（令和3年3月16日老老発0316第4号）を参照されたい。

③事業所は、利用者に提供するサービスの質の向上を図るため、LIFEへの提出情報及びフィードバック情報を活用し、利用者の状態に応じた個別機能訓練計画の作成（Plan）、当該計画に基づく個別機能訓練の実施（Do）、当該実施内容の評価（Check）、その評価結果を踏まえた当該計画の見直し・改善（Action）の一連のサイクル（PDCAサイクル）により、質の高いサービスを実施する体制を構築するとともに、その更なる向上に努めることが重要であり、具体的には、次のような一連の取組が求められる。

　　　したがって、情報を厚生労働省に提出するだけでは本加算の対象とはならない。

イ　利用者の心身の状況等に係る基本的な情報に基づき、適切なサービスを提供するためのサービス計画を作成する（Plan）。

ロ　サービスの提供にあたっては、サービス計画に基づいて、利用者の自立支援や重度化防止に資する介護を実施する（Do）。

ハ　LIFEへの提供情報及びフィードバック情報等も活用し、多職種が共同して、事業所の特性やサービス提供の在り方について検証を行う（Check）。

ニ　検証結果に基づき、利用者のサービス計画を適切に見直し、事業所全体として、サービスの質の更なる向上に努める（Action）。

④提出された情報については、国民の健康の保持推進及びその有する能力の維持向上に資するため、適宜活用されるものである。

〇「令和3年度介護報酬改定に関するQ&A（Vol.3）（令和3年3月26日）」

〇科学的介護推進体制加算、自立支援促進加算、褥瘡マネジメント加算、排せつ支援加算、栄養マネジメント強化加算について

問16　要件として定められた情報を「やむを得ない場合を除き、すべて提出すること」とされているが、「やむを得ない場合」とはどのような場合か。

（答）　やむを得ない場合とは、たとえば、通所サービスの利用者について、情

報を提出すべき月において、当該月の中旬に評価を行う予定であった
が、緊急で月初に入院することとなり、当該利用者について情報の提
出ができなかった場合や、データを入力したにも関わらず、システム
トラブル等により提出ができなかった場合等、利用者単位で情報提出
ができなかった場合がある。

　また、提出する情報についても、たとえば、全身状態が急速に悪化
した入所者について、必須項目である体重等が測定できず、一部の情
報しか提出できなかった場合等であっても、事業所・施設の利用者又
は入所者全員に当該加算を算定することは可能である。

　ただし、情報の提出が困難であった理由について、介護記録等に明
記しておく必要がある。

○科学的介護推進体制加算、自立支援促進加算、褥瘡マネジメント加算、排
　せつ支援加算、栄養マネジメント強化加算について
問17　LIFEに提出する情報に、利用者の氏名や介護保険被保険者番号等の
　　　個人情報が含まれるが、情報の提出にあたって、利用者の同意は必要
　　　か。
（答）　LIFEの利用者登録の際に、氏名や介護保険被保険者番号等の個人情報
　　　を入力頂くが、LIFEのシステムには、その一部を匿名化した情報が送
　　　られるため、個人情報を取集するものではない。そのため、加算の算
　　　定に係る同意は必要であるものの、情報の提出自体については、利用
　　　者の同意は必要無い。

○科学的介護推進体制加算、自立支援促進加算、褥瘡マネジメント加算、排
　せつ支援加算、栄養マネジメント強化加算について
問18　加算を算定しようと考えているが、たとえば入所者のうち１名だけで
　　　も加算の算定に係る同意が取れない場合には算定できないのか。

（答）　加算の算定に係る同意が得られない利用者又は入所者がいる場合で
　　　　あっても、当該者を含む原則全ての利用者又は入所者に係る情報を提
　　　　出すれば、加算の算定に係る同意が得られた利用者又は入所者につい
　　　　て算定が可能である。

加算の算定が得られない利用者がいる場合は以下①②と考えること。
①情報の提出自体、利用者の「同意は不要」。よって全て利用者の情報提
　出は可能なはず。
②加算の算定は「同意の得られた利用者のみ」、加算の算定可能。

○「令和3年度介護報酬改定に関するQ&A（Vol.5）（令和3年4月9日）」
○科学的介護推進体制加算について
問4　LIFEに提出すべき情報は「「科学的介護情報システム（LIFE）」関連加
　　　算に関する基本的考え方並びに事務処理手順及び様式例の提示につい
　　　て」（令和3年3月16日老老発0316第4号）の各加算の様式例におい
　　　て示されるが、利用者又は入所者の評価等にあたっては、当該様式例
　　　を必ず用いる必要があるのか。
（答）　「「科学的介護情報システム（LIFE）」関連加算に関する基本的考え方並
　　　　びに事務処理手順及び様式例の提示について」（令和3年3月16日老
　　　　老0316第4号）において示しているとおり、評価等が算定要件におい
　　　　て求められるものについては、それぞれの加算で求められる項目（様
　　　　式で定められた項目）についての評価等が必要である。
　　　　　ただし、同通知はあくまでもLIFEへの提出項目を示したものであ
　　　　り、利用者又は入所者の評価等において各加算における様式と同一の
　　　　ものを用いることを求めるものではない。

「科学的介護」ではデータを収集して個人・事業所間の比較を行い、これを「定量分析」として介護に生かして行こうという趣旨。当然、この提出したデータの項目が異なってしまったら、そもそも比較ができない！

○「令和３年度介護報酬改定に関するＱ＆Ａ（Vol.10）（令和３年６月９日）」

○科学的介護推進体制加算、自立支援促進加算、褥瘡マネジメント加算、排せつ支援加算について

問２　サービス利用中については、入院等の事由により、一定期間サービス利用がなかった場合について、加算の要件である情報提供の取扱い如何。

（答）　・これらの加算については、算定要件として、サービスの利用を開始した日の属する月や、サービスの提供を終了する日の属する月の翌月10日までに、LIFEへの情報提出を行っていただくこととしている。

　　　　・当該サービスの再開や当該施設への再入所を前提とした、短期間の入院等による30日未満のサービス利用期間の中断については、当該中断の後、当該サービスの利用を再開した場合は、加算の算定要件であるサービス利用終了時やサービス利用開始時の情報提出は必要ないものとして差し支えない。

　　　　・一方、長期間の入院等により、30日以上、当該サービスの利用がない場合は、加算の算定要件であるサービス利用終了時の情報提出が必要であるとともに、その後、当該サービスの利用を再開した場合は、加算の算定要件であるサービス利用開始時の情報提出が必要となる。

※サービス利用開始時に情報提出が必要な加算：科学的介護推進体制加算、自立支援促進加算、褥瘡マネジメント加算、排せつ支援加算

※サービス利用終了時に情報提出が必要な加算：科学的介護推進体制加算

> 「科学的介護推進体制加算」では「サービス利用開始時」にも、「サービス利用終了時」にも、情報提出が必要であることを忘れないように！

○科学的介護推進体制加算について

問3　サービス利用中に利用者が死亡により、当該サービスの利用が終了した場合について、加算の要件である情報提出は如何。

（答）　当該利用者の死亡した月における情報を、サービス利用終了時の情報として提出する必要があるが、死亡により、把握できない項目があった場合は、把握できた項目のみの提出でも差し支えない。

【表1】

LIFEの活用等が要件として含まれる加算一覧（施設・サービス別）　別添1

	科学的介護推進加算（Ⅰ）科学的介護推進加算（Ⅱ）	個別機能訓練加算（Ⅱ）	ADL維持等加算（Ⅰ）ADL維持等加算（Ⅱ）	リハビリテーションマネジメント計画書情報加算	理学療法、作業療法及び言語聴覚療法に係る加算	褥瘡マネジメント加算（Ⅰ）褥瘡マネジメント加算（Ⅱ）	褥瘡対策指導管理（Ⅱ）	排せつ支援加算（Ⅰ）排せつ支援加算（Ⅱ）排せつ支援加算（Ⅲ）	自立支援促進加算	かかりつけ医連携薬剤調整加算	薬剤管理指導	栄養マネジメント強化加算	口腔衛生管理加算（Ⅱ）
介護老人福祉施設	○	○	○			○		○	○			○	○
地域密着型介護老人福祉施設入所者生活介護	○	○	○			○		○	○			○	○
介護老人保健施設	○		○			○		○	○	○		○	○
介護医療院	○			○		○	○	○			○	○	○

	科学的介護推進加算	個別機能訓練加算（Ⅱ）	ADL維持等加算（Ⅰ）ADL維持等加算（Ⅱ）	リハビリテーションマネジメント加算（A）ロリハビリテーションマネジメント加算（B）ロ	褥瘡マネジメント加算（Ⅰ）褥瘡マネジメント加算（Ⅱ）	排せつ支援加算（Ⅰ）排せつ支援加算（Ⅱ）排せつ支援加算（Ⅲ）	栄養アセスメント加算	口腔機能向上加算（Ⅱ）
通所介護	○	○	○				○	○
地域密着型通所介護	○	○	○				○	○
認知症対応型通所介護（予防含む）	○	○	○（予防を除く）				○	○
特定施設入居者生活介護（予防含む）	○	○	○（予防を除く）					
地域密着型特定施設入居者生活介護	○	○	○					
認知症対応型共同生活介護（予防を含む）	○							
小規模多機能型居宅介護（予防含む）	○							
看護小規模多機能型居宅介護	○				○	○	○	○
通所リハビリテーション（予防含む）	○			○（予防を除く）			○	○
訪問リハビリテーション				○（予防を除く）				

（令和3年3月12日　介護保険最新情報Vol.931より引用）

　この【表1】には、施設系と居宅サービス系が記載されており、この表を見ただけでも、ある一定が分かる。つまり、全てのサービスに「○印」が数多く付いている項目があるのが分かるであろう。

　これは、厚生労働省が、今回の介護報酬改定において、事業者側に算定してもらいたい加算、いわゆる「政策誘導」により、設定した加算の項目に他ならないのである。

　では、次に居宅サービス系のみを【表2】として抽出し、「政策誘導」の傾向を確認してみよう。この【表2】では、「○印」が付いている項目を着色してみると、その傾向がよく分かる。

　【表2】をご覧いただいて如何でしょうか。この項目のうち「科学的介護推進体制加算」については、訪問リハビリテーション以外、「全て」の居宅サービスの類型に「○印」が付いているのが分かります。

【表2】

LIFEの活用等が要件として含まれる加算一覧（居宅サービス）

	科学的介護推進加算	褥瘡機能測定加算(II)	ADL維持等加算(I) ADL維持等加算(II)	リハビリテーションマネジメント加算(A)ロ リハビリテーションマネジメント加算(B)ロ	褥瘡マネジメント加算(I) 褥瘡マネジメント加算(II)	褥瘡支援加算(I) 褥瘡支援加算(II) 褥瘡支援加算(II)	受褥マネジメント加算	口腔機能向上加算(II)
通所介護	○	○	○				○	○
地域密着型通所介護	○	○	○				○	○
認知症対応型通所介護（予防を含む）	○	○	（予防を除く）					
特定施設入居者生活介護（予防を含む）	○	○	（予防を除く）					
地域密着型特定施設入居者生活介護	○							
認知症対応型共同生活介護（予防を含む）	○							
小規模多機能型居宅介護（予防を含む）	○							
看護小規模多機能型居宅介護	○				○	○	○	○
通所リハビリテーション（予防を含む）	○			○ （予防を除く）			○	○
訪問リハビリテーション				○ （予防を除く）				

（介護保険最新情報より、税理士・行政書士　山田勝義が作成）

これは、この「科学的介護推進体制加算」が、今回の介護報酬改定において、厚生労働省側が「エビデンスに基づく科学的介護」を推進するうえで、一番力をいれている加算項目であるということからです。

　この「科学的介護推進体制加算」については、仮に自らの事業所がこの「政策誘導」に従うことをせず、また多くの事業者がこれを算定した場合どのようになるか。それは、あくまでも著者の仮定ですが、将来、次のとおりとなるのかも知れません。

　つまり、「科学的介護推進体制加算」が「基本報酬」を算定するうえでの「必須要件」となるということです。このことは、介護事業者として事業運営するうえで、当該加算を算定しないことは、「事業継続のリスク」にさらされてしまう可能性があるということです。

【表3】

3.（2）① CHASE・VISIT情報の収集・活用とPDCAサイクルの推進③

（令和3年3月12日　介護保険最新情報Vol.931より引用）

科学的介護の取組を推進に関する「見直し」のまとめ

　介護サービスの質の評価と科学的介護の取組を推進し、介護サービスの質の向上を図る観点から、以下の見直しを行う。【省令改正・告示改正】　※抜粋

ア　施設系サービス、通所系サービス、居住系サービス、多機能系サービスについて、LIFEの収集項目の各領域（総論（ADL）、栄養、口腔・嚥下、認知症）について、事業所の全ての利用者に係るデータを横断的にLIFEに提出してフィードバックを受け、それに基づき事業所の特性やケアの在り方等を検証して、利用者のケアプランや計画に反映させる、事業所単位でのPDCAサイクルの推進・ケアの質の向上の取組を評価する新たな加算を創設する。

　　その際、提出・活用するデータについては、サービスごとの特性や事業所の入力負担等を勘案した項目とする。加えて、詳細な既往歴や服薬情報、家族の情報等より精度の高いフィードバックを受けることができる項目を提出・活用した場合には、更なる評価を行う区分を設ける。【告示改正】

イ　施設系サービス、通所系サービス、居住系サービス、多機能系サービスについて、LIFEの収集項目の各領域に関連する加算等において、利用者ごとの計画書の作成とそれに基づくケアの実施・評価・改善等を通じたPDCAサイクルの取組に加えて、LIFEへのデータ提出とフィードバックの活用により更なるPDCAサイクルの推進・ケアの質の向上を図ることを評価・推進する。【告示改正】

ウ　介護関連データの収集・活用及びPDCAサイクルによる科学的介護を推進していく観点から、全てのサービス（居宅介護支援を除く）について、LIFEを活用した計画の作成や事業所単位でのPDCAサイクルの推進、ケ

アの質の向上の取組を推奨する。居宅介護支援については、各利用者の
データ及びフィードバック情報のケアマネジメントへの活用を推奨する。
【省令改正】

エ　LIFEを一体的に運用する観点から、LIFE情報についても上記の枠組みに
　　位置付けて収集・活用する。

⑤ 人員配置基準における両立支援への配慮【変更】

　仕事と育児や介護との両立が可能となる環境整備を進め、職員の離職防止・
定着促進を図る観点から、各サービスの人員配置基準や報酬算定において、育
児・介護休業取得の際の非常勤職員による代替職員の確保は、短時間勤務等
を行う場合にも「常勤」として取扱うことを可能とする。【通知改正】

ア　「常勤」の計算にあたり、職場が育児・介護休業法による育児の短時間勤
　　務制度を利用する場合に加えて、介護の短時間勤務制度等を利用する場
　　合にも、週30時間以上の勤務で「常勤」として扱うことを認める。
イ　「常勤換算方法」の計算にあたり、職員が育児・介護休業法による短時間
　　勤務制度を利用する場合、週30時間以上の勤務で常勤換算での計算上
　　も１（常勤）として扱うことを認める。
ウ　人員配置基準や報酬算定において「常勤」での配置が求められる職員で、
　　産前産後休業や育児・介護休業等を取得した場合に、同等の資質を有す
　　る複数の非常勤職員を常勤換算することで、人員配置基準を満たすこと
　　を認める。この場合において、常勤職員の割合を要件とするサービス提
　　供体制強化加算について、産前産後休業や育児・介護休業等を取得した
　　当該職員についても常勤職員の割合に含めることを認める。

　以下、ア～ウが講じられている場合、30時間以上の勤務で、常勤換算方法
での計算にあたり、常勤の従業員が勤務すべき時間数を満たしたものとし、１

として取扱うことを可能とする。また、所定労働時間の短縮等の措置が講じられている者については、利用者の処遇に支障がない体制が事業所として整っている場合取扱いが可能である。【容認規定】

ア 母性健康管理措置
イ 育児休業・介護休業法
ウ 育児及び介護のための所定労働時間の短縮等の措置

　常勤による従業員の配置要件が求められている場合、従業員が休業取得期間中、当該要件において求められる資質を有する複数の非常勤の従業員を常勤の従業員の員数に換算することにより、当該要件を満たすことが可能である。

通知・Q＆A関係
○指定居宅サービス等及び指定介護予防サービス等に関する基準について（平成11年9月17日 老企第25号）

第2章　総論

2　用語の定義（1）「常勤換算方法」※抜粋

　～ただし、雇用の分野における男女の均等な機会及び待遇の確保等に関する法律第13条第1項に規定する措置（以下「母性健康管理措置」という。）又は育児休業、介護休業等育児又は家族介護を行う労働者の福祉に関する法律（以下「育児・介護休業法」という。）第23条第1項、同条第3項又は同法第24条に規定する所定労働時間の短縮等の措置（以下「育児及び介護のための所定労働時間の短縮等の措置」という。）が講じられている場合、30時間以上の勤務で、常勤換算法方法での計算にあたり、常勤の従業員が勤務すべき時間数を満たしたものとし、1として取扱うことを可能とする。

「働き方改革」の影響。自分の事業所も該当者がいる場合の「常勤換算数」を確認しよう。特に「加算項目」で「常勤換算数」が要件となっている項目は注意！

○指定居宅サービスに要する費用の額の算定に関する基準（訪問通所サービス、居宅療養管理指導及び福祉用具貸与に係る部分）及び指定居宅介護支援に要する費用の額の算定に関する基準の制定に伴う実施上の留意事項について（平成12年3月1日 老企第36号）

第2　居宅サービス単位表（訪問介護費から通所リハビリテーション費まで及び福祉用具貸与費に係る部分に限る。）に関する事項

1　通則

（8）常勤換算方法及び常勤の具体的な取扱いについて

常勤換算方法及び常勤の具体的な取扱いについては、①及び②のとおりとすること。

①雇用の分野における男女の均等な機会及び待遇の確保等に関する法律第13条第1項に規定する措置（以下「母性健康管理措置」という。）又は育児休業、介護休業等育児又は家族介護を行う労働者の福祉に関する法律（以下「育児・介護休業法」という。）第23条第1項、同条第3項又は同法第24条に規定する所定労働時間の短縮等の措置（以下「育児及び介護のための所定労働時間の短縮等の措置」という。）が講じられている場合、30時間以上の勤務で、常勤換算法方法での計算にあたり、常勤の従業員が勤務すべき時間数を満たしたものとし、1として取扱うことを可能とする。

②当該事業所における勤務時間が、当該事業所において定められている常勤の従業員が勤務すべき時間数（32時間を下回る場合は32時間を基本とする。）に達していることをいうものであるが、母性健康管理措置又は育児及び介護のための所定労働時間の短縮等の措置が講じられている者については、利用者の処遇に支障がない体制が事業所として整っている場合には、例外的に常勤の従業員が勤務すべき時間数を30時間として取扱うことを可能とする。

また、常勤による従業員の配置条件が設けられている場合、従業員が労働基準法第65条に規定する休業、母性健康管理措置、育児・介護休業法第2条第1項に規定する育児休業、同条第2号に規定する介護休業、同法第23条第2項の育児休業に関する制度に準ずる措置又は同法第24条第1項

（第２号に係る部分に限る）の規定により同項第２項に規定する育児休業に関する制度に準じて講ずる措置による休業を取得中の期間において、当該要件において求められる資質を有する複数の非常勤の従業員を常勤の従業員の員数に換算することにより、当該要件を満たすことが可能であることとする。

○「令和３年度介護報酬改定に関するＱ＆Ａ（Vol.1）（令和３年３月19日）」
○人員配置基準における両立支援
問１　人員配置基準や報酬算定において「常勤」での配置が求められている職員が、産前産後休業や育児・介護休業等を取得した場合に、同等の資質を有する複数の非常勤職員を常勤換算することで、人員配置基準を満たすことを認めるとあるが「同等の資質を有する」かについてどのように判断するのか。
（答）　介護現場において、仕事と育児や介護との両立が可能となる環境整備を進め、職員の離職防止・定着促進を図る観点から、以下の取扱いを認める。

【同等の資質を有する者の特例】
　「同等の資質を有する」とは、当該休業を取得した職員の配置により満たしていた、勤続年数や所定の研修の修了など各施設基準や加算要件として定められた資質を満たすことである。

⑥ ハラスメント対策の強化【新規】

　介護サービス事業者の適切なハラスメント対策を強化する観点から、全ての介護サービス事業者に、適切なハラスメント対策を求める。【省令改正】
※留意事項通知において、カスタマーハラスメント防止のための方針の明確化等の必要な措置を講じることも推奨する。

> 中小企業（医療・介護を含むサービス業を主たる事業をする事業主）については、「資本金が5000万円以下又は常時使用する従業員の数が100人以下の企業」は、令和4年4月1日から義務化となり、それまでの間は努力義務とされているが、適切な勤務体制を講じるよう努めることが必要！

○運営基準【省令改正】※訪問介護の例

　指定訪問介護事業者は、適切な指定訪問介護の提供を確保する観点から、職場において行われる性的な言動又は優越的な関係を背景とした言動であって、業務上必要かつ相当な範囲を超えたものにより、訪問介護員等の就業環境が害されることを防止するための方針の明確化等の必要な措置を講じなければならない。

通知・Q＆A関係

○指定居宅介護支援等の人員及び運営に関する基準について（平成11年7月29日 老企第22号）

第2　指定居宅介護支援等の事業の人員及び運営に関する基準

3　運営に関する基準

（13）勤務体制の確保

①～③（省略）

④同条第4項は、雇用の分野における男女の均等な機会及び待遇の確保等に関する法律第11条第1項及び労働施策の総合的な推進並びに労働者の雇用の安定及び職業生活の充実等に関する法律第30条の2第1項の規定に基づき、事業主には、職場におけるセクシャルハラスメントやパワーハラ

スメント（以下「職場におけるハラスメント」という。）の防止のための雇用
管理上の措置を講じることが義務づけられていることを踏まえ、規定した
ものである。事業主が講ずべき措置の具体的内容及び事業主が講ずること
が望ましい取組については、次のとおりとする。なお、セクシャルハラス
メントについては、上司や同僚に限らず、利用者はその家族等から受ける
ものも含まれることに留意する。

イ　事業主が講ずべき措置の具体的内容

　　事業主が講ずべき措置の具体的な内容は、事業主が職場における性的
な言動に起因する問題に関して雇用管理上講ずべき措置等についての指
針（平成18年厚生労働省告示615号）及び事業主が職場における優越的
な関係を背景とした言動に起因する問題に関して雇用管理上講ずべき措
置等についての指針（令和2年厚生労働省告示第5号。以下「パワーハラ
スメント指針」という。）において規定されているとおりであるが、特に
留意されたい内容は以下のとおりである。

a　事業主の方針等の明確化及びその周知・啓発

　　職場におけるハラスメントの内容及び職場におけるハラスメントを
行ってはならない旨の方針を明確化し、従業員に周知・啓発すること。

b　相談（苦情を含む。以下同じ。）に応じ、適切に対応するために必要な
体制の整備

　　相談に対応する担当者をあらかじめ定めること等により、相談への
対応のための窓口をあらかじめ定め、労働者に周知すること。

　　なお、パワーハラスメント防止のための事業主の方針の明確化等の
措置義務については、女性の職業生活における活躍の推進に関する法
律等の一部を改正する法律（令和元年法律第24号）附則第3条の規定
により読み替えられた労働施策の総合的な推進並びに労働者の雇用の
安定及び職業生活の充実等に関する法律第30条の2第1項の規定に
より、中小企業（資本金が5000万円以下又は常時使用する従業員の数
が100人以下の企業）は、令和4年4月1日から義務化となり、それま

での間は努力義務とされているが、適切な勤務体制の確保等の観点から、必要な措置を講じるよう努められたい。

ロ　事業主が講じることが望ましい取組について

　　パワーハラスメント指針においては、顧客等からの著しい迷惑行為（カスタマーハラスメント）の防止のために、事業主が雇用管理上の配慮として行うことが望ましい取組の例として、①相談に応じ、適切に対応するために必要な体制の整備、②被害者への配慮のための取組（メンタルヘルス不調への相談対応、行為者に対して1人で対応させない等）及び③被害防止のための取組（マニュアル作成や研修の実施等、業種・業態等の状況に応じた取組）が規定されている。介護現場では特に、利用者又はその家族等からのカスタマーハラスメントの防止が求められていることから、イ（事業主が講ずべき措置の具体的内容）の必要な措置を講じるにあたっては、「介護現場におけるハラスメント対策マニュアル」、「（管理職・職員向け）研修のための手引き」等を参考にした取組を行うことが望ましい。（省略）

　　加えて、都道府県において、地域医療介護総合確保基金を活用した介護職員に対する悩み相談窓口設置事業や介護事業所におけるハラスメント対策推進事業を実施している場合、事業主はこれらの活用も含め、介護事業所におけるハラスメント対策を推進することが望ましい。

○指定居宅サービス等及び指定介護予防サービス等に関する基準について（平成11年9月17日 老企第25号）

第3　介護サービス ― 訪問介護

3　運営に関する基準

（21）勤務体制の確保

①～③（省略）

④同条第4項は、雇用の分野における男女の均等な機会及び待遇の確保等に関する法律第11条第1項及び労働施策の総合的な推進並びに労働者の雇

用の安定及び職業生活の充実等に関する法律第30条の2第1項の規定に
基づき、事業主には、職場におけるセクシャルハラスメントやパワーハラ
スメント（以下「職場におけるハラスメント」という。）の防止のための雇用
管理上の措置を講じることが義務づけられていることを踏まえ、規定した
ものである。事業主が講ずべき措置の具体的内容及び事業主が講ずること
が望ましい取組については、次のとおりとする。なお、セクシャルハラス
メントについては、上司や同僚に限らず、利用者はその家族等から受ける
ものも含まれることに留意する。

イ　事業主が講ずべき措置の具体的内容

事業主が講ずべき措置の具体的な内容は、事業主が職場における性的
な言動に起因する問題に関して雇用管理上講ずべき措置等についての指
針（平成18年厚生労働省告示615号）及び事業主が職場における優越的
な関係を背景とした言動に起因する問題に関して雇用管理上講ずべき措
置等についての指針（令和2年厚生労働省告示第5号。以下「パワーハラ
スメント指針」という。）において規定されているとおりであるが、特に
留意されたい内容は以下のとおりである。

a　事業主の方針等の明確化及びその周知・啓発

職場におけるハラスメントの内容及び職場におけるハラスメントを
行ってはならない旨の方針を明確化し、従業員に周知・啓発すること。

b　相談（苦情を含む。以下同じ。）に応じ、適切に対応するために必要な
体制の整備

相談に対応する担当者をあらかじめ定めること等により、相談への
対応のための窓口をあらかじめ定め、労働者に周知すること。

なお、パワーハラスメント防止のための事業主の方針の明確化等の
措置義務については、女性の職業生活における活躍の推進に関する法
律等の一部を改正する法律（令和元年法律第24号）附則第3条の規定
により読み替えられた労働施策の総合的な推進並びに労働者の雇用の
安定及び職業生活の充実等に関する法律第30条の2第1項の規定に

より、中小企業（資本金が5000万円以下又は常時使用する従業員の数が100人以下の企業）は、令和4年4月1日から義務化となり、それまでの間は努力義務とされているが、適切な勤務体制の確保等の観点から、必要な措置を講じるよう努められたい。

ロ　事業主が講じることが望ましい取組について

　　パワーハラスメント指針においては、顧客等からの著しい迷惑行為（カスタマーハラスメント）の防止のために、事業主が雇用管理上の配慮として行うことが望ましい取組の例として、①相談に応じ、適切に対応するために必要な体制の整備、②被害者への配慮のための取組（メンタルヘルス不調への相談対応、行為者に対して1人で対応させない等）及び③被害防止のための取組（マニュアル作成や研修の実施等、業種・業態等の状況に応じた取組）が規定されている。介護現場では特に、利用者又はその家族等からのカスタマーハラスメントの防止が求められていることから、イ（事業主が講ずべき措置の具体的内容）の必要な措置を講じるにあたっては、「介護現場におけるハラスメント対策マニュアル」、「（管理職・職員向け）研修のための手引き」等を参考にした取組を行うことが望ましい。（省略）

　　加えて、都道府県において、地域医療介護総合確保基金を活用した介護職員に対する悩み相談窓口設置事業や介護事業所におけるハラスメント対策推進事業を実施している場合、事業主はこれらの活用も含め、介護事業所におけるハラスメント対策を推進することが望ましい。

⑦ 会議や多職種連携におけるICTの活用【新規・変更】

　運営基準や加算の要件等における各種会議等の実施について、感染防止や多職種連携促進の観点から、テレビ電話装置等を活用しての実施を認める。【省令改正・告示改正・通知改正】※利用者の居宅を訪問しての実施が求められるものを除く。

ア　利用者等が参加せず、医療・介護の関係者のみで実施するものについて、「医療・介護関係事業者における個人情報の適切な取扱のためのガイダンス」及び「医療情報システムの安全管理に関するガイドライン」等を参考にして、テレビ電話装置等を活用しての実施を認める。

イ　利用者等が参加して実施するものについて、上記に加えて、利用者等の同意を得たうえで、テレビ電話装置等を活用しての実施を認める。

通知・Q＆A関係 ▬▬▬▬▬▬▬▬▬▬▬▬▬▬▬▬▬▬▬▬▬▬▬▬▬▬▬▬▬▬
○指定居宅サービス等及び指定介護予防サービス等に関する基準について（平成11年9月17日 老企第25号）
第3　介護サービス　七　通所リハビリテーション
3　運営に関する基準
（1）指定通所リハビリテーションの具体的取扱方針及び通所リハビリテーション計画の作成
①〜⑩（省略）
⑪〜（省略）リハビリテーション会議は、テレビ電話装置等を活用して行うことができるものとする。ただし、利用者又はその家族（以下「利用者等」という。）が参加する場合にあっては、テレビ電話装置等の活用について、当該利用者等の同意を得なければならない。なお、テレビ電話装置等の活用にあたっては、個人情報保護委員会・厚生労働省「医療・介護関係事業者における個人情報の適切な取扱いのためのガイダンス」、厚生労働省「医療情報システムの安全管理に関するガイドライン」等を遵守すること。

⑧ 利用者への説明・同意等に係る見直し【変更】

　利用者の利便性向上や介護サービス事業者の業務負担軽減の観点から、政府の方針も踏まえ、ケアプランや重要事項説明書等における利用者等への説明・同意について、以下の見直しを行う。【省令改正】【通知改正】

ア　書面で説明・同意等を行うものについて、電磁的記録による対応を原則認める。

イ　利用者等の署名・押印について、求めないことが可能であること及びその場合の代替手段を明示するとともに、様式例から押印欄を削除する。

通知・Ｑ＆Ａ関係 ∭∭∭∭∭∭∭∭∭∭∭∭∭∭∭∭∭∭∭∭∭∭∭∭∭∭∭∭∭∭∭∭∭∭∭∭

○指定居宅サービス等及び指定介護予防サービス等に関する基準について（平成11年9月17日 老企第25号）

第5　雑則

1　電磁的記録について

居宅基準第217条第1項及び予防基準第293条第1項は、指定居宅サービス事業者及び指定居宅サービスの提供にあたる者等（以下「事業者等」という。）の書面の保存等に係る負担の軽減を図るため、事業者等は、この省令で規定する書面（被保険者証に関するものを除く。）の作成、保存等を次に掲げる電磁的記録により行うことができることとしたものである。

（1）電磁的記録による作成は、事業者等の使用に係る電子計算機に備えられたファイルに記録する方法または磁気ディスク等をもって調製する方法によること。

（2）電磁的記録による保存は、以下のいずれかの方法によること。

　①作成された電磁的記録を事業者等の使用に係る電子計算機に備え付けられたファイル又は磁気ディスク等をもって調製するファイルにより保存する方法。

　②書面に記載されている事項をスキャナ等により読み取って出来た電磁的記録を事業者等の使用に係る電子計算機に備えられたファイル又は磁気ディスク等をもって調製するファイルにより保存する方法。

（3）その他、居宅基準第217条第1項及び予防基準293条第1項において電磁的記録により行うことができるとされているものは、（1）及び（2）に準じた方法によること。

（4）また、電磁的記録により行う場合は、個人情報保護委員会・厚生労働省「医療・介護関係事業者における個人情報の適切な取扱いのためのガイダンス」及び厚生労働省「医療情報システムの安全管理に関するガイドライン」等

を遵守すること。

2　電磁的方法について

　居宅基準第217条第2項及び予防基準第293条第2項は、利用者及びその家族等（以下「利用者等」という。）の利便性向上並びに事業者等の業務負担軽減等の観点から、事業者等は、書面で行うことが規定されている又は想定される交付等（交付、説明、同意、承諾、締結その他これに類するものをいう。）について、事前に利用者等の承諾を得たうえで、次に掲げる電磁的方法によることができることとしたものである。

（1）電磁的方法による交付は、居宅基準第8条第2項から第6項まで及び予防基準第49条の2第2項から第6項までの規定に準じた方法によること。

（2）電磁的方法による同意は、例えば電子メールにより利用者等が同意の意思表示をした場合が考えられること。なお、「押印についてのQ＆A（令和2年6月19日内閣府・法務省・経済産業省）」を参考にすること。

（3）電磁的方法による締結は、利用者等・事業者等の間の契約関係を明確にする観点から、書面における署名又は記名・押印に代えて電子署名を活用することが望ましいこと。なお、「押印についてのQ＆A（令和2年6月19日内閣府・法務省・経済産業省）」を参考にすること。

（4）その他居宅基準217条第2項及び予防基準第293条第2項において電磁的方法によることができるとされているものは、（1）から（3）までに準じた方法によること。ただし、居宅基準若しくは予防基準又はこの通知の規定により電磁的方法の定めがあるものについては、当該定めに従うこと。

（5）また、電磁的記録により行う場合は、個人情報保護委員会・厚生労働省「医療・介護関係事業者における個人情報の適切な取扱いのためのガイダンス」及び厚生労働省「医療情報システムの安全管理に関するガイドライン」等を遵守すること。

⑨ 員数の記載や変更届出の明確化【変更】

　介護サービス事業者の業務負担軽減や、いわゆるローカルルールの解消を図る観点から、運営規程や重要事項説明書に記載する従業員の「員数」について、「〇〇人以上」を記載することが可能であること及び運営規程における「従業員の職種、員数及び職務の内容」について、その変更の届出は年1回で足りることを明確化する。【通知改正】

通知・Q＆A関係 ‖‖

○指定居宅介護支援等の事業の人員及び運営に関する基準について（平成11年7月29日 老企第22号）

第2　指定居宅介護支援等の事業の人員及び運営に関する基準

3　運営に関する基準

（12）運営規程

①従業員の職種、員数及び職務の内容

　　従業員の「員数」は日々かわりうるものであるため、業務負担軽減等の観点から、規程を定めるにあたっては、基準第2条において置くべきとされている員数を満たす範囲において、「〇人以上」と記載することも差し支えない（基準第4条に規定する重要事項を記した文書に記載する場合についても同様。）

‖‖‖

○指定居宅サービス等及び指定介護予防サービス等に関する基準について（平成11年9月17日 老企第25号）

第3　介護サービス　―　訪問介護

3　運営に関する基準

（19）運営規程

①従業員の職種、員数及び職務の内容（第2号）

　　従業員の「員数」は日々かわりうるものであるため、業務負担軽減等の観点から、規程を定めるにあたっては、居宅基準第5条において置くべきとされている員数を満たす範囲において、「〇人以上」と記載することも差し

支えない（居宅基準第8条に規定する重要事項を記した文書に記載する場合についても同様。）（以下、他のサービス種類についても同様。）。

②～⑤（省略）

⑩ 記録の保存等に係る見直し【変更】

　介護サービス事業者の業務負担軽減の観点から、いわゆるローカルルールの解消を図る観点から、介護サービス事業者における諸記録の保存、交付等について、適切な個人情報の取扱いを求めたうえで、電磁的な対応を原則認めることとし、その範囲を明確化する。【省令改正】

　記録の保存期間について、他の制度の取扱いも参考としつつ、明確化を図る。

【書面の作成・保存の具体的な手順】

　指定事業者及びサービスの提供にあたる者は、書面の作成、保存等を次に掲げる電磁的記録により行うことができる（ア、イ、カ）。【容認規定】

　事業者等は、交付、説明、同意、承諾、締結等について、事前に利用者又はその家族等の承諾を得た上で、電磁的方法によることができる（ウ～キ）。【容認規定】

ア　作成方法

　・電子計算機のファイルに記録、磁気ディスク

イ　保存方法

　・アにより調製するファイルによるもの

　・書面作成の書類をスキャナ等に読み込まれたもの

ウ　交付

　・指定居宅サービス基準第8条第2項から第6項までに規定に準じた方法であること

エ　同意

　・「電磁的方法による同意」とは、「電子メールにより利用者等が同意の意

思表示をした場合」など

オ　締結
　　・書面よる署名又は記名・押印に代えて、電子署名を活用することが望ましい

カ　遵守すべき事項
　　・「医療・介護関係事業者における個人情報の適切な取扱いのためのガイダンス」(個人情報保護委員会・厚生労働省)
　　・「医療情報システムの安全管理に関するガイドライン」(厚生労働省)

キ　押印
　　・「押印についてのQ&A」(令和2年6月19日内閣府・法務省・経済産業省)を参考にする。

通知・Q & A関係 ||||||||||||||||||||||||||||||||||||||||||||||||||||||||||||

○指定居宅介護支援等の事業の人員及び運営に関する基準について (平成11年7月29日 老企第22号)

第2　指定居宅介護支援等の事業の人員及び運営に関する基準

3　運営に関する基準

(24)記録の整備

　基準第29条第2項は、指定居宅介護支援事業者が同項各号に規定する記録を整備し、2年間保存しなければならないこととしたものである。

なお、「その完結の日」とは、個々の利用者につき、契約終了(契約の解約・解除、他の施設への入所、利用者の死亡、利用者の自立等)により一連のサービス提供が終了した日を指すものである。

5　雑則

1　電磁的記録について

　基準第31条第1項及び予防基準第293条第1項は、指定居宅サービス事業者及び指定居宅サービスの提供にあたる者等 (以下「事業者等」という。)の書面の保存等に係る負担の軽減を図るため、事業者等は、この省令で規定する

書面（被保険者証に関するものを除く。）の作成、保存等を次に掲げる電磁的記録により行うことができることとしたものである。

（1）電磁的記録による作成は、事業者等の使用に係る電子計算機に備えられたファイルに記録する方法または磁気ディスク等をもって調製する方法によること。

（2）電磁的記録による保存は、以下のいずれかの方法によること。

　①作成された電磁的記録を事業者等の使用に係る電子計算機に備え付けられたファイル又は磁気ディスク等をもって調製するファイルにより保存する方法。

　②書面に記載されている事項をスキャナ等により読み取って出来た電磁的記録を事業者等の使用に係る電子計算機に備えられたファイル又は磁気ディスク等をもって調製するファイルにより保存する方法。

（3）その他、居宅基準第217条第1項及び予防基準293条第1項において電磁的記録により行うことができるとされているものは、（1）及び（2）に準じた方法によること。

（4）また、電磁的記録により行う場合は、個人情報保護委員会・厚生労働省「医療・介護関係事業者における個人情報の適切な取扱いのためのガイダンス」及び厚生労働省「医療情報システムの安全管理に関するガイドライン」等を遵守すること。

2　電磁的方法について

　居宅基準第217条第2項及び予防基準第293条第2項は、利用者及びその家族等（以下「利用者等」という。）の利便性向上並びに事業者等の業務負担軽減等の観点から、事業者等は、書面で行うことが規定されている又は想定される交付等（交付、説明、同意、承諾、締結その他これに類するものをいう。）について、事前に利用者等の承諾を得たうえで、次に掲げる電磁的方法によることができることとしたものである。

（1）電磁的方法による交付は、居宅基準第8条第2項から第6項まで及び予

防基準第49条の2第2項から第6項までの規定に準じた方法によること。

（2）電磁的方法による同意は、例えば電子メールにより利用者等が同意の意思表示をした場合が考えられること。なお、「押印についてのQ＆A（令和2年6月19日内閣府・法務省・経済産業省）」を参考にすること。

（3）電磁的方法による締結は、利用者等・事業者等の間の契約関係を明確にする観点から、書面における署名又は記名・押印に代えて電子署名を活用することが望ましいこと。なお、「押印についてのQ＆A（令和2年6月19日内閣府・法務省・経済産業省）」を参考にすること。

（4）その他居宅基準217条第2項及び予防基準第293条第2項において電磁的方法によることができるとされているものは、（1）から（3）までに準じた方法によること。ただし、居宅基準若しくは予防基準又はこの通知の規定により電磁的方法の定めがあるものについては、当該定めに従うこと。

（5）また、電磁的記録により行う場合は、個人情報保護委員会・厚生労働省「医療・介護関係事業者における個人情報の適切な取扱いのためのガイダンス」及び厚生労働省「医療情報システムの安全管理に関するガイドライン」等を遵守すること。

○指定居宅サービス等及び指定介護予防サービス等に関する基準について（平成11年9月17日 老企第25号）

第3　介護サービス　一　訪問介護

3　運営に関する基準

（33）記録の整備

　　居宅基準第39条第2項は、指定訪問介護事業者が同項各号に規定する記録を整備し、2年間保存しなければならないこととしたものである。

なお、「その完結の日」とは、個々の利用者につき、契約終了（契約の解約・解除、他の施設への入所、利用者の死亡、利用者の自立等）により一連のサービス提供が終了した日を指すものである。

第3　介護サービス　十　特定施設入居者生活介護

3　運営に関する基準

（17）記録の整備

　〜同条第4項の記録については、居宅基準第190条第3項に規定する指定居宅特定施設入居者生活介護に係る業務の全部又は一部を委託により他の事業所に行わせる場合の当該事業者の業務の実施状況について確認した日を指すものとする。

> 外部サービス利用型特定施設入居者生活介護をイメージしよう！

第5　雑則

1　電磁的記録について

　居宅基準第217条第1項及び予防基準第293条第1項は、指定居宅サービス事業者及び指定居宅サービスの提供にあたる者等（以下「事業者等」という。）の書面の保存等に係る負担の軽減を図るため、事業者等は、この省令で規定する書面（被保険者証に関するものを除く。）の作成、保存等を次に掲げる電磁的記録により行うことができることとしたものである。

（1）電磁的記録による作成は、事業者等の使用に係る電子計算機に備えられたファイルに記録する方法または磁気ディスク等をもって調製する方法によること。

（2）電磁的記録による保存は、以下のいずれかの方法によること。

　　①作成された電磁的記録を事業者等の使用に係る電子計算機に備え付けられたファイル又は磁気ディスク等をもって調製するファイルにより保存する方法。

　　②書面に記載されている事項をスキャナ等により読み取って出来た電磁的記録を事業者等の使用に係る電子計算機に備えられたファイル又は磁気ディスク等をもって調製するファイルにより保存する方法。

（3）その他、居宅基準第217条第1項及び予防基準293条第1項において電

磁的記録により行うことができるとされているものは、（1）及び（2）に準じた方法によること。

（4）また、電磁的記録により行う場合は、個人情報保護委員会・厚生労働省「医療・介護関係事業者における個人情報の適切な取扱いのためのガイダンス」及び厚生労働省「医療情報システムの安全管理に関するガイドライン」等を遵守すること。

2　電磁的方法について

　居宅基準第217条第2項及び予防基準第293条第2項は、利用者及びその家族等（以下「利用者等」という。）の利便性向上並びに事業者等の業務負担軽減等の観点から、事業者等は、書面で行うことが規定されている又は想定される交付等（交付、説明、同意、承諾、締結その他これに類するものをいう。）について、事前に利用者等の承諾を得たうえで、次に掲げる電磁的方法によることができることとしたものである。

（1）電磁的方法による交付は、居宅基準第8条第2項から第6項まで及び予防基準第49条の2第2項から第6項までの規定に準じた方法によること。

（2）電磁的方法による同意は、例えば電子メールにより利用者等が同意の意思表示をした場合が考えられること。なお、「押印についてのQ＆A（令和2年6月19日内閣府・法務省・経済産業省）」を参考にすること。

（3）電磁的方法による締結は、利用者等・事業者等の間の契約関係を明確にする観点から、書面における署名又は記名・押印に代えて電子署名を活用することが望ましいこと。なお、「押印についてのQ＆A（令和2年6月19日内閣府・法務省・経済産業省）」を参考にすること。

（4）その他居宅基準217条第2項及び予防基準第293条第2項において電磁的方法によることができるとされているものは、（1）から（3）までに準じた方法によること。ただし、居宅基準若しくは予防基準又はこの通知の規定により電磁的方法の定めがあるものについては、当該定めに従うこと。

（5）また、電磁的記録により行う場合は、個人情報保護委員会・厚生労働省

「医療・介護関係事業者における個人情報の適切な取扱いのためのガイダンス」及び厚生労働省「医療情報システムの安全管理に関するガイドライン」等を遵守すること。

○指定居宅サービスに要する費用の額の算定に関する基準（訪問通所サービス、居宅療養管理指導及び福祉用具貸与に係る部分）及び指定居宅介護支援に要する費用の額の算定に関する基準の制定に伴う実施上の留意事項について（平成12年3月1日 老企第36号）

第2　居宅サービス単位表（訪問介護費から通所リハビリテーション費まで及び福祉用具貸与費に係る部分に限る。）に関する事項

1　通則

（9）文書の取扱いについて

①、②（省略）

③その他

イ　この通知に定めるほか、単位数の算定にあたっては押印を要する文書については、押印を不要とする変更等が行われたものとみなして取り扱うものとすること。この場合において「押印についてのQ＆A（令和2年6月19日内閣府・法務省・経済産業省）」を参考にすること。

「みなし規定」！

ロ　単位数の算定にあたって事業者に書類の提出を求める場合にあっては、事業者に過度な負担が生じないように配慮し、必要以上の添付書類等を求めないものとすること。

⑪ 運営規程の掲示の柔軟化【新規】

運営規程等の重要事項の掲示について、事業所の掲示だけでなく、閲覧可能な形でファイル等で備え置くこと等を可能とする。【省令改正】

通知・Q＆A関係 ■■

○指定居宅介護支援等の事業の人員及び運営に関する基準について（平成11年7月29日 老企第22号）

第2　指定居宅介護支援等の事業の人員及び運営に関する基準

3　運営に関する基準

（17）掲示

①基準第22条第1項は、基準第4条の規定により居宅介護支援の提供開始時に運営規程の概要、介護支援専門員の勤務体制、事故発生時の対応、苦情処理体制、提供するサービスの第三者評価の実施状況（実施の有無、実施した直近の年月日、実施した評価機関の名称、評価結果の開示状況）等の利用申込者のサービス選択に資すると認められる重要事項の提示を義務づけることにより、サービス提供が開始された後、継続的にサービスが行われている段階においても利用者の保護を図る趣旨であるが、次に掲げる点に留意する必要がある。

イ　事業所の見やすい場所とは、重要事項を伝えるべき介護サービスの利用申込者、利用者又はその家族に対して見やすい場所のことであること。

ロ　介護支援専門員の勤務体制については、職種ごと、常勤・非常勤ごと等の人数を掲示する趣旨であり、介護支援専門員の氏名まで掲示することを求めるものではないこと。

②同条2項は、重要事項を記載したファイル等を介護サービスの利用申込者、利用者又はその家族等が自由に閲覧可能な形で当該指定居宅介護支援事業所内に備え付けることで同条第1項の掲示に代えることができることを規定したものである。

○指定居宅サービス等及び指定介護予防サービス等に関する基準について（平成11年9月17日 老企第25号）

第3　介護サービス　一　訪問介護

3　運営に関する基準

（24）掲示

①居宅基準第32条第1項は、指定訪問介護事業者は、運営規程の概要、訪問介護員等の勤務体制、事故発生時の対応、苦情処理体制、提供するサービスの第三者評価の実施状況（実施の有無、実施した直近の年月日、実施した評価機関の名称、評価結果の開示状況）等の利用申込者のサービス選択に資すると認められる重要事項を指定訪問介護事業所の見やすい場所に掲示することを規定したものであるが、次に掲げる事項に留意する必要がある。

イ　事業所の見やすい場所とは、重要事項を伝えるべき介護サービスの利用申込者、利用者又はその家族に対して見やすい場所のことであること。

ロ　訪問介護員等の勤務体制については、職種ごと、常勤・非常勤ごと等の人数を掲示する趣旨であり、訪問介護員等の氏名まで掲示することを求めるものではないこと。

②同条2項は、重要事項を記載したファイル等を介護サービスの利用申込者、利用者又はその家族等が自由に閲覧可能な形で当該指定訪問介護事業所内に備え付けることで同条第1項の掲示に代えることができることを規定したものである。

⑫ 高齢者虐待防止の推進【新規】

　全ての介護サービス事業者を対象に、利用者の人権擁護、虐待の防止等の観点から、虐待の発生・再発を防止するための委員会の開催、指針の整備、研修の実施、担当を定めることを義務づける。【省令改正】

【基準】

ア　運営基準（省令）に以下を規定

　　i　入所者・利用者の人権擁護、虐待の防止等のため、必要な体制の整備を行うとともに、その従業員に対し、研修を実施する等の措置を講じなければならない旨を規定。

　　ii　運営規程に定めておかなければならない事項として、「虐待の防止のための措置に関する事項」を追加。

　　iii　虐待の発生又はその再発を防止するため、以下の措置を講じなければならない旨を規定。

　　　・虐待の防止のための対策を検討する委員会（テレビ電話装置の活用可能）を定期的に開催するとともに、その結果について、従業員に周知徹底を図ること。

　　　・虐待の防止のための指針を整備すること。

　　　・従業員に対し、虐待の防止のための研修を定期的に実施すること。

　　　・上記措置を適切に実施するための担当者を置くこと。

　　　→３年間の経過措置期間あり。

通知・Q＆A関係 ＝＝

○指定居宅介護支援等の事業の人員及び運営に関する基準について（平成11年7月29日 老企第22号）

第2　指定居宅介護支援等の事業の人員及び運営に関する基準

3　運営に関する基準

（12）運営規程

①～③（省略）

④虐待防止のための措置に関する事項（第6号）

　（22）の虐待の防止に係る、組織内の体制（責任者の選定、従業員への研修方法や研修計画等）や虐待又は虐待が疑われる事案（以下「虐待等」という。）が発生した場合の対応方法等を指す内容であること。

（２２）虐待の防止

　基準省令第27条の2は、虐待の防止に関する事項について規定したものである。虐待は、法の目的の一つである高齢者の尊厳の保持や、高齢者の人格の尊重に深刻な影響を及ぼす可能性が極めて高く、指定居宅介護支援事業所は虐待防止のために必要な措置を講じなければならない。虐待を未然に防止するための対策及び発生した場合の対応策等については、「高齢者虐待の防止、高齢者の養護者に対する支援等に関する法律」（平成17年法律第124号。以下「高齢者虐待防止法」という。）に規定されているところであり、その実効性を高め、利用者の尊厳の保持・人格の尊重が達成されるよう、次に掲げる観点から虐待防止に関する措置を講じる（以下、項目のみ記載）。

　　・虐待未然防止

　　・虐待等の早期発見

　　・虐待等への迅速かつ適切な対応

①虐待の防止のための対策を検討する委員会（第1号）

②虐待の防止のための指針（第2号）

③虐待の防止のための従業員に対する研修（第3号）

④①～③に掲げる措置を適切に実施するための担当者（第4号）

○指定居宅サービス等及び指定介護予防サービス等に関する基準について（平成11年9月17日 老企第25号）

第3　介護サービス　一　訪問介護

3　運営に関する基準

（１９）運営規程

①～④（省略）

⑤虐待の防止のための措置に関する事項

　　（31）の虐待の防止に係る、組織内の体制（責任者の選定、従業員への研修方法や研修計画等）や虐待又は虐待が疑われる事案（以下「虐待等」という。）が発生した場合の対応方法等を指す内容であること（以下、他のサービス種類についても同様。）。

（３１）虐待の防止

　居宅基準第37条の2は、虐待の防止に関する事項について規定したものである。虐待は、法の目的の一つである高齢者の尊厳の保持や、高齢者の人格の尊重に深刻な影響を及ぼす可能性が極めて高く、指定訪問介護事業者は虐待防止のために必要な措置を講じなければならない。虐待を未然に防止するための対策及び発生した場合の対応策等については、「高齢者虐待の防止、高齢者の養護者に対する支援等に関する法律」（平成17年法律第124号。以下「高齢者虐待防止法」という。）に規定されているところであり、その実効性を高め、利用者の尊厳の保持・人格の尊重が達成されるよう、次に掲げる観点から虐待防止に関する措置を講じる（以下、項目のみ記載）。

　　・虐待未然防止

　　・虐待等の早期発見

　　・虐待等への迅速かつ適切な対応

①虐待の防止のための対策を検討する委員会（第1号）

②虐待の防止のための指針（第2号）

③虐待の防止のための従業員に対する研修（第3号）

④①～③に掲げる措置を適切に実施するための担当者（第4号）

○「令和3年度介護報酬改定に関するＱ＆Ａ（Vol.7）（令和3年4月21日）」

○運営規程について

問1　令和3年度改定において、運営基準等で経過措置期間を定め、介護サービス事業者等に義務づけられたものがあるが、これらについて運営規程においてどのように扱うのか。

（答）　介護保険法施行規則に基づき運営規程については、変更がある場合は都道府県知事又は市町村長に届け出ることとされているが、今般介護サービス事業所等に対し義務づけられたもののうち、経過期間が定められているものについては、当該期間においては、都道府県知事等に届け出ることまで求められない。

介護報酬の加算の数、サービスコードの変化について

第186回 社会保障審議会介護給付費分科会（令和2年9月30日開催）に次の記載がありました。「介護報酬の基本報酬と加算について」の項目で以下の記載がありました（当該記載に筆者が一部追記している）。

→調査時点である令和2年を「現時点」とします。

【加算の種類の変化】

	平成12年（当初）	令和2年（現時点）
訪問介護	3種類	20種類（+17種類）
通所介護	5種類	24種類（+19種類）
認知症グループホーム	1種類	29種類（+28種類）
介護老人福祉施設	8種類	55種類（+47種類）
介護老人保健施設	8種類	54種類（+46種類）

【サービスコード数の変化】

	平成12年（当初）	令和2年（現時点）
居宅サービス	1,176	11,658（+10,482）
居宅介護支援	6	154（+148）
施設	571	7,800（+7,229）
地域密着型	－	2,204（+2,204）
予防給付	－	3,089（+3,089）
サービスコード数　合計	1,745	24,905（+23,160）

この資料を見て、皆さんはどう感じますか。介護保険開始当初から、加算の種類がこれだけ多くなり、かつ**サービスコードに至っては「1,745」→「24,905」へと「何と約23,000種類も増えて」**います。

　いくら政策誘導とはいえ、実施指導や監査を行う行政庁の職員は、この内容を本当に理解しているのでしょうか。また、本当に全てが意味のある加算なのでしょうか。

　このことは、今、こういった制度の「綻び」を修復しなければならない時期に介護保険は差し掛かっている、一つの事例であると私は考えます。

Ⅱ

今回の報酬・基準の改定での重要論点

1 この本の介護報酬改定の各項目の読み方

　この本は、皆さんに、今回の介護報酬改定の資料を読みこなすことを一番の大きな目的としています。このことから「Ⅰ　介護報酬改定における資料を読み解く「きほん」」をまずは理解していただいたことを前提に本項目では、サービスごとの個別項目において、今回の介護報酬改定で「事業者として理解しなければならない重要な項目」を抜粋のうえ、介護報酬改定の資料を読み進めてみたいと思います。

　本来であれば、介護報酬改定における各施設系サービスや各居宅系サービスの全てを網羅して説明したいところであります。しかし、紙面上の制約もあることからも、ここでは、今回の介護報酬改定において「特徴的な」改定項目が含まれており、かつ当該サービス項目の改定項目を理解することにより、他のサービスについても理解を促すことできるのではと思われる、以下のサービス項目について説明したいと思います。

本書に具体的に掲載したサービス内容

【居宅介護支援】　　　1．居宅介護支援事業

【訪問系サービス】　　1．訪問介護

　　　　　　　　　　　2．訪問看護

　　　　　　　　　　　3．訪問リハビリテーション

　　　　　　　　　　　4．居宅療養管理指導

【通所系サービス】　　1．通所介護

　　　　　　　　　　　2．通所リハビリテーション

【その他のサービス】　1．特定施設入居者生活介護

本書における各サービス項目の読み方

　従来までの介護報酬改定に関する資料については以下のような問題点があ
りました。

【現在までの介護報酬改定の際の問題点】

→介護報酬改定に関する資料は、様々な形式の資料が出版されているが、
　以下のような問題点があります。

①「指定基準」・「単位数」・「通達」等がバラバラに掲載されており、日々
　の業務に忙しい事業者の方々にとって、これを追うのが非常に困難な
　こと。

②「加算の単位数」等に内容が偏り、介護報酬改定において算定を行うう
　えでの「制度趣旨」まで理解できるような書籍があまり存在していな
　いこと。

　本書では、以下の特徴を持ちながら、本書を手に取った皆さんの今回の介
護報酬改定における「理解」をしっかりとサポートいたします。

【本書での各サービス項目での記載の特徴】

あらかじめ「①新設・変更の理由 ⇒ ②単位数 ⇒ ③算定要件 ⇒ ④通知関
係」と、各項目が並んでいることから、各項目を「そのまま読めば」単位
数のみならず、「制度趣旨」を理解することができること。

　前述のとおり、基本的に「**①新設・変更の理由 ⇒ ②単位数 ⇒ ③算定要件
⇒ ④通知関係**」と並んでいます。この流れで資料を確認していくと、単に介
護報酬の単位を算定できるか否かでなく、「**なぜ、この単位を算定すること
ができるのか。また、どのように単位を算定できるのか。**」を、しっかりと理解
することができます。

また、④通知関係については、各種単位を算定する上での詳細な要件が記載されていますので、しっかり確認しましょう。

　なお、この資料は介護報酬改定において、重要な事項を取り上げて説明を加えています。また、「介護報酬改定の全般の理解を促進する目的」のため、「法令の正確性」を「やや捨象している部分」があります。こういった意味で、法令の制度趣旨を正確に把握されたい方は、介護保険関係法令の原典を直接確認してください。

● **通知・Q＆A関係**については、次の法則性により掲載しております。
　① 各基準の条文において、「最初に掲載された項目」の条文により掲載しています。
　② 制度趣旨を理解することが重要であり、記載内容が引用するに値する項目のみを掲載しています。
　③ 条文の「カッコ書き」については、「厳密性」よりも、理解を促進することを優先しているため、一部の「カッコ書き」を省略しています。
　④ 条文の「言い回し」が難解な部分は、制度趣旨を変えないよう注意して「言い回し」を変えて記載しております（条文の正確性を重視する方は、必ず各種法令の原典を直接確認してください。）。
　⑤ 「令和3年度介護報酬改定に関するQ＆A」については、有用なQ＆Aのみを抜粋して掲載しています。

● 本書は、「令和3年度介護報酬改定に関するQ&A（Vol.10）（介護保険最新情報Vol.991）（令和3年6月9日）」まで反映しています。

【 居宅介護支援 】

1 居宅介護支援

(基本報酬)

① 基本報酬【変更・新規】

【関係するサービス：居宅介護支援】

　適切なケアマネジメントの実施を確保しつつ、経営の安定化を図る観点から、逓減性において、ICT活用又は事務職員の配置を行っている場合の適用件数を見直す。【告示改正】

有資格者として業務に集中し、業務効率性を向上しようという趣旨！

ITC等を活用しない場合！

【居宅介護支援費（Ⅰ）】

ア　居宅介護支援（ⅰ）…ケアマネ１人あたりの取扱件数が40未満である場合又は40以上である場合において、40未満の部分

イ　居宅介護支援（ⅱ）…ケアマネ１人あたりの取扱件数が40以上である場合において、40以上60未満の部分

ウ　居宅介護支援（ⅲ）…ケアマネ１人あたりの取扱件数が40以上である場合において、60以上の部分

		改定前	改定後	増減
居宅介護支援（ⅰ）	要介護1〜2	1053	1076	+23
	要介護3〜5	1368	1398	+30
居宅介護支援（ⅱ）	要介護1〜2	527	539	+12
	要介護3〜5	684	698	+14
居宅介護支援（ⅲ）	要介護1〜2	316	323	+7
	要介護3〜5	410	418	+8

> ITC等を活用する場合！

【居宅介護支援費（Ⅱ）】※新規

ア　居宅介護支援（ⅰ）…ケアマネ1人あたりの取扱件数が45未満である場合又は45以上である場合において、45未満の部分

イ　居宅介護支援（ⅱ）…ケアマネ1人あたりの取扱件数が45以上である場合において、45以上60未満の部分

ウ　居宅介護支援（ⅲ）…ケアマネ1人あたりの取扱件数が45以上である場合において、60以上の部分

【単位数】 　　　　　　　　　　　　　　　　　　　　　　　　　　　　（単位：単位／月）

		改定前	改定後	増減
居宅介護支援（ⅰ）	要介護1〜2	×	1076	取扱件数が44件までは（ⅰ）が算定可能ということ！
	要介護3〜5	×	1398	
居宅介護支援（ⅱ）	要介護1〜2	×	522	
	要介護3〜5	×	677	
居宅介護支援（ⅲ）	要介護1〜2	×	313	
	要介護3〜5	×	406	

通知・Q＆A関係

○指定居宅介護支援等の事業の人員及び運営に関する基準について（平成11年7月29日 老企第22号）

第2　指定居宅介護支援等の事業の人員及び運営に関する基準

3　運営に関する基準

（1）介護保険等関連情報の活用とPDCAサイクルの推進について

　基準第1条の2第6項は、指定居宅介護支援を行うにあたっては、**介護保険法第118条の2第1項に規定する介護保険等関連情報等を活用し、事業所単位でPDCAサイクルを構築・推進することにより、提供するサービスの質の向上に努めなければならない**こととしたものである。

> 「科学的介護」を推進しようという趣旨！

（8）指定居宅介護支援の基本取扱方針及び具体的取扱方針

⑨サービス担当者会議等による専門的意見の聴取（第9号）

　　～サービス担当者会議は、テレビ電話装置等（リアルタイムでの画像を介したコミュニケーションが可能な機器をいう。）を活用して行うことができるものとする。ただし、利用者又はその家族（以下「利用者等」という。）が参加する場合にあっては、テレビ電話装置等の活用について、当該利用者等の同意を得なければならない。なお、テレビ電話装置等の活用にあたっては、個人情報保護委員会・厚生労働省「医療・介護関係事業者における個人情報の適切な取扱いのためのガイダンス」、厚生労働省「医療情報システムの安全管理に関するガイドライン」等を遵守すること。

> 「会議」にはテレビ電話装置等を活用し業務効率性を向上しようという趣旨！

○指定居宅サービスに要する費用の額の算定に関する基準（訪問通所サービス、居宅療養管理指導及び福祉
　用具貸与に係る部分）及び指定居宅介護支援に要する費用の額の算定に関する基準の制定に伴う実施上
　の留意事項について（平成12年3月1日 老企第36号）

第3　居宅介護支援費に関する事項

5　サービス利用表を作成した月において利用実績のない場合

　サービス利用票の作成が行われなかった月及びサービス利用票を作成した月においても利用実績のない月については、給付管理票を作成できないため、居宅介護支援費は算定できない。

　ただし、病院若しくは診療所又は地域密着型介護老人福祉施設若しくは介護保険施設（以下「病院等」という。）から退院又は退所する者等であって、医師が一般に認められている医学的知見に基づき回復の見込みがないと診断した利用者については、当該利用者に対してモニタリング等の必要なケアマネジメントを行い、給付管理表の作成など、請求にあたって必要な書類の整備を行っている場合は請求することができる。

　なお、その際は居宅介護支援費を算定した旨を適切に説明できるよう、個々のケアプラン等において記録を残しつつ、居宅介護支援事業所において、それらの書類を管理しておくこと。

> 算定根拠に関する記録を管理しよう！

6　居宅介護支援の業務が適切に行われない場合

　注3の「別に厚生労働大臣が定める基準に該当する場合」については、大臣基準告示第82号に規定することとしたところであるが、より具体的には次のいずれかに該当する場合に減算される。

　これは適正なサービスの提供を確保するためのものであり、運営基準に係る規定を遵守するよう努めるものとする。市町村長は、当該規定を遵守しない事業者に対しては、遵守するよう指導すること。当該指導に従わない場合には、特別な事情がある場合を除き、指定の取消しを検討するものとする。

「かかえこみ」に対する対応。予め選定理由を用意。文書で説明・記録！

（１）指定居宅介護支援の提供の開始に際し、あらかじめ利用者に対して、

・利用者は居宅サービス計画に位置付けた指定居宅サービス事業者等の選定理由の説明を求めることができること。

・前６月間に当該指定居宅介護支援事業所において作成された居宅サービス計画の総数のうちに訪問介護、通所介護、福祉用具貸与及び地域密着型通所介護（以下「訪問介護等」という。）がそれぞれ位置付けられた居宅サービス計画の数が占める割合及び前６月間に当該指定居宅介護支援事業所において作成された居宅サービス計画に位置付けられた訪問介護等ごとの回数のうちに同一の指定居宅サービス事業者又は指定地域密着型サービス事業者によって提供されたものが占める割合（上位３位まで）について、文書を交付して説明を行っていない場合には、契約月から当該状態が解消されるに至った月の前月まで減算とする。

７　基本単位の取扱いについて
（２）情報通信機器（人工知能関連技術を含む）の活用
　情報通信機器については、当該事業所の介護支援専門員が指定居宅介護支援等基準第13条に掲げる一連の業務等の負担軽減や効率化に資するものとするが、具体的には、例えば、

・当該事業所内外や利用者の情報を共有できるチャット機能のアプリケーションを備えたスマートフォン

・訪問記録を随時記録できる機能（音声入力も可）のソフトウエアを組み込んだタブレット等とする。

　この際、個人情報保護委員会・厚生労働省「医療・介護関係事業者における個人情報の適切な取扱いのためのガイダンス」、厚生労働省「医療情報システムの安全管理に関するガイドライン」等を遵守すること。

（3）事務職員の配置

　事務職員については、当該事務所の介護支援専門員が行う指定居宅介護支援等基準第13条に掲げる一連の業務等の負担軽減や効率化に資する職員とするが、その勤務形態は常勤のものでなくても差し支えない。なお、当該事業所内の配置に限らず、同一法人内の配置でも認められるが、常勤換算で介護支援専門員1人あたり、1月24時間以上の勤務を必要とする。

||||||||||||||||||||||||||||||||||||||||||||||||||||||||||||||||||||||||||||||||||||||||||||||||||||||||||||||||||||||||||||||||||

○「令和3年度介護報酬改定に関するQ＆A（Vol.1）（令和3年3月19日）」

○ 3％加算及び規模区分の特例（他事業所の利用者を臨時的に受け入れた場合の利用延人員数の算定）

問12　新型コロナウイルス感染症の影響による他の事業所の休業やサービス縮小等に伴って、当該事業所の利用者を臨時的に受け入れた結果、利用者数が増加した事業所もある。このような事業所にあっては、各月の利用者延人員数及び前年度1月あたりの平均利用延人員数の算定にあたり、やむを得ない理由により受け入れた利用者について、その利用者を明確に区分したうえで、平均利用延人員数に含まないこととして差し支えないか。

（答）　差し支えない。以下、省略。

○ 3％加算及び規模区分の特例（利用者又はその家族への説明・同意の取得）

問13　3％加算や規模区分の特例を適用するにあたり、通所介護事業所等において利用者又はその家族への説明や同意の取得を行う必要があるか。

　　　また、利用者又はその家族への説明や同意の取得が必要な場合、利用者又はその家族への説明を行ったことや、利用者又はその家族から同意を受けたことを記録する必要はあるか。

（答）　3％加算や規模区分の特例を適用するにあたっては、通所介護事業所

等が利用者又はその家族への説明や同意の取得を行う必要はない。

　なお、介護支援専門員が居宅サービス計画の原案の内容（サービス内容、サービス単位／金額等）を利用者又はその家族に説明し同意を得ることは必要である。

> 「通所介護」・「通所ﾘﾊﾋﾞﾘﾃｰｼｮﾝ」等で、事業者側が新型コロナ感染症における「3％加算」や「規模区分の特例」を適用する際、事業者は利用者等に対し説明・同意を得る必要は無い。反面、介護支援専門員が「居宅サービス計画の原案の内容」を利用者等に説明・同意を得ることは必要ということです。

○「令和3年度介護報酬改定に関するＱ＆Ａ（Vol.3）（令和3年3月26日）」

○契約時の説明について

問111　今回の改定において、ケアマネジメントの公正中立性の確保を図る観点から、利用者に、前6か月間に作成したケアプランにおける、訪問介護、通所介護、地域密着型通所介護、福祉用具貸与（以下、「訪問介護等」という。）の各サービスの利用割合及び前6か月間に作成したケアプランにおける、訪問介護等の各サービスごとの、同一事業者によって提供されたものの割合（以下、訪問介護等の割合等）の説明を行うことと定められたが、具体的にな説明として、どのような方法が考えられるか。

（答）　例えば、以下のように重要事項説明書等に記載し、訪問介護等の割合等を把握できる資料を別紙として作成し、居宅介護支援の提供の開始において示すとともに説明することが考えられる。

　　　なお、「同一事業者によって提供されたものの割合」については、前6か月間に作成したケアプランに位置付けられた訪問介護等の各事業所における提供回数のうち（※同一事業所が同一利用者に複数回提供してもカウントは1）、同一事業所によって提供されたものの割合で

あるが、その割合の算出に係る小数点以下の端数処理については、切り捨てても差し支えない。

○契約時の説明について

問112　今回の改定により、前6か月間に当該指定居宅介護支援事業所において作成された居宅サービス計画の総数のうちに訪問介護等がそれぞれ位置付けられた居宅サービス計画の数が占める割合、前6月間に当該指定居宅介護支援事業所において作成された居宅サービス計画に位置付けられた訪問介護等ごとの回数のうちに同一の指定居宅サービス事業所又は指定地域密着型サービス事業者によって提供されたものが占める割合等を説明することを義務づけ、それに違反した場合は報酬が減額されるが、令和3年4月以前に指定居宅介護支援事業者と契約を結んでいる利用者に対しては、どのように取扱うか。

（答）　令和3年4月以前に契約を結んでいる利用者については、次のケアプランの見直し時に説明を行うことが望ましい。

　　　　なお、前6月間に当該指定居宅介護支援事業所において作成された居宅サービス計画に位置付けられた訪問介護等ごとの回数のうちに同一の指定居宅サービス事業者又は指定地域密着型サービス事業者によって提供されたものが占める割合について、当該事業所が令和3年4月中に新たに契約を結ぶ利用者等において、当該割合の集計や出力の対応が難しい場合においては、5月以降のモニタリング等の際に説明を行うことで差し支えない。

○居宅介護支援費（Ⅱ）の要件

問116　情報通信機器（人工知能関連技術を含む）の活用や事務職員の配置にあたっての当該事業所の介護支援専門員が行う基準第13条に掲げる一連の業務等について具体例を示されたい。

(答)　基準第13条に掲げる一連の業務等については、基準第13条で定める
　　　介護支援専門員が行う直接的なケアマネジメント業務の他に、例えば、
　　　以下のような間接的ケアマネジメント業務も対象とする。

例

　○要介護認定調査関連書類関連業務

　　・書類の受領、打ち込み、複写、ファイリングなど

　○ケアプラン作成関連業務

　　・関連書類の打ち込み、複写、ファイリングなど

　○給付管理関連業務

　　・関連書類の打ち込み、複写、ファイリングなど

　○利用者や家族との連絡調整に関する業務

　○事業所との連絡調整、書類発送等業務

　○保険者との連絡調整、手続きに関する業務

　○給与計算に関する業務　　等

② 質の高いケアマネジメントの推進（特定事業所加算の見直し等）【新規】

【関係するサービス：居宅介護支援】

　居宅介護支援について、経営の安定化を図るとともに、質の高いケアマネ
ジメントの一層の推進、公正中立性の確保等を図る観点から、以下の加算の
見直しや対応を行う。【告示改正】

ア　必要に応じて、多様な主体等が提供する生活支援のサービス（イン
　　フォーマルサービスを含む）が包括的に提供されるような居宅サービス
　　計画を作成していることを要件として求める。

イ　小規模事業所が事業所間連携により質の高いケアマネジメントを実現し
　　ていくよう、事業所間連携により体制確保や対応等を行う事業所を評価
　　するような区分を創設する。【特定事業所加算（A）】

ウ　特定事業所加算（Ⅳ）について、加算（Ⅰ）から（Ⅲ）までと異なり、病院

との連携や看取りへの対応の状況を要件とするものであることを踏まえ、医療と介護の連携を推進する観点から、特定事業所加算から切り離した別個の加算とする。

○特定事業所加算（Ⅰ）～（Ⅲ）、（A）

【単位数】 （単位：単位／月）

	改定前	改定後	増減
特定事業所加算（Ⅰ）	500	505	+5
特定事業所加算（Ⅱ）	400	407	+7
特定事業所加算（Ⅲ）	300	309	+9
特定事業所加算（A）	×	100	+100
~~特定事業所加算（Ⅳ）~~	125	×	▲125

※特定事業所加算（Ⅳ）は、特定事業所加算より切り離し、「特定事業医療介護連携加算」として別個の加算として創設する。

【算定要件】

ア　特定事業所加算（A）※新設

・介護支援専門員の配置　常勤1名以上、非常勤1名以上（非常勤は他事業との兼務可能）

・連絡体制・相談体制確保、研修実施、実務研修への協力、事例検討会等実施（他事業所との連携対応可能）

→上記加算Ⅰ・Ⅱ・Ⅲ・Aの要件として、必要に応じて、多様な主体等が提供する生活支援のサービス（インフォーマルサービスを含む）が包括的に提供されているような居宅サービス計画を作成していることを新たに求める。

・特定事業所加算（Ⅳ）について、加算（Ⅰ）から（Ⅲ）までと異なり、病院との連携や看取りへ対応の状況を要件とするものであることを踏まえ、医療と介護の連携を推進する観点から、特定事業所加算から切り離した別個の加算（特定事業医療介護連携加算）とする。

「特定事業所加算（Ⅳ）」は別個の加算「特定事業医療介護連携加算」として算定！

通知・Q＆A関係

○指定居宅サービスに要する費用の額の算定に関する基準（訪問通所サービス、居宅療養管理指導及び福祉用具貸与に係る部分）及び指定居宅介護支援に要する費用の額の算定に関する基準の制定に伴う実施上の留意事項について（平成12年3月1日 老企第36号）

第3　居宅介護支援費に関する事項

11　特定事業所加算について

（3）厚生労働大臣の定める基準の具体的運用方針

①、②（省略）

③ウ　「定期的」とは、概ね週1回以上であること。

　　また、会議は、テレビ電話装置等を活用して行うことができるものとする。この際、個人情報保護委員会・厚生労働省「医療・介護関係事業者における個人情報の適切な取扱いのためのガイダンス」、厚生労働省「医療情報システムの安全管理に関するガイドライン」等を遵守すること。

④24時間連絡可能な体制とは、常時、担当者が携帯電話等により連絡を取ることができ、必要に応じて相談に応じることが可能な体制をとる必要があることを言うものであり、当該事業所の介護支援専門員が輪番制による対応等も可能であること。

　　なお、特定事業所加算（A）算定する事業所については、携帯電話等の転送による対応等も可能であるが、連携先事業所の利用者に関する情報を共有することから、指定居宅介護支援等基準第23条の規定の遵守とともに、利用者又はその家族に対し、当該加算算定事業所である旨及びその内容が理解できるよう説明を行い、同意を得ること。

⑤（省略）

⑥～なお、特定事業所加算（A）を算定する事業所については、連携先事業所との共同開催による研修も可能である。

⑦～⑭（省略）

⑮特定事業所加算（A）について

　　常勤かつ専従の主任介護支援専門員については、当該指定居宅介護支援専門員の業務に支障がない場合は、同一敷地内にある他の事業所の職務を兼務しても差し支えないものとする。

　　また、常勤かつ専従の介護支援専門員1名並びに常勤換算方法で1の介護支援専門員とは別に、主任介護支援専門員を置く必要があること。したがって、当該加算を算定する事業所においては、少なくとも主任介護支援専門員及び介護支援専門員の合計2名を常勤かつ専従で配置するとともに、介護支援専門員を常勤換算方法で1の合計3名を配置する必要があること。

　　この場合において、当該常勤換算方法で1の介護支援専門員は他の居宅介護支援事業所（連携先事業所に限る。）の職務と兼務しても差し支えないが、当該兼務に係る他の業務との兼務については、介護保険施設に置かれた常勤専従の介護支援専門員との兼務を除き、差し支えないものであり、当該他の業務とは必ずしも指定居宅サービス事業の業務を指すものではない。

○特定事業医療介護連携加算

【単位数】　　　　　　　　　　　　　　　　　　　　　　　　（単位：単位／月）

	改定前	改定後	増減
特定事業所医療介護連携加算	×	125	+125

【算定要件】

ア　前々年度の3月から前年度の2月までの間において退院・退所加算の算定に係る病院等との連携の回数（情報の提供を受けた回数）の合計が35回以上。

イ　前々年度の3月から前年度の2月までの間においてターミナルマネジメント加算を5回以上算定。

ウ　特定事業所加算（Ⅰ）～（Ⅲ）を算定していること。

通知・Q＆A関係 ∭∭∭∭∭∭∭∭∭∭∭∭∭∭∭∭∭∭∭∭∭∭∭∭∭∭∭∭∭

○指定居宅サービスに要する費用の額の算定に関する基準（訪問通所サービス、居宅療養管理指導及び福祉
　用具貸与に係る部分）及び指定居宅介護支援に要する費用の額の算定に関する基準の制定に伴う実施上
　の留意事項について（平成12年3月1日 老企第36号）

第3　居宅介護支援費に関する事項

12　特定事業所医療介護連携加算について

（1）基本的取扱方針

　当該加算の対象となる事業所においては、日頃から医療機関等との連携に
関する取組をより積極的に行う事業所であることが必要となる。

（2）具体的運用方針

ア　退院・退所加算の算定実績について

　　　退院・退所加算の算定実績に係る要件については、退院・退所加算の算
　　定回数ではなく、その算定に係る病院等との連携回数が、特定事業所医
　　療連携介護加算を算定する年度の前々年度の3月から前年度の2月まで
　　の間において35回以上の場合に要件を満たすこととなる。

イ　ターミナルマネジメント加算の算定実績について

　　　ターミナルマネジメント加算の算定実績に係る要件については、特定
　　事業所医療介護連携加算を算定する年度の前々年度の3月から前年度の
　　2月までの間において、算定回数が5回以上の場合に要件を満たすこと
　　となる。

ウ　特定事業所加算（Ⅰ）〜（Ⅲ）の算定実績について

　　　特定事業所医療介護連携加算は、質の高いケアマネジメントを提供す
　　る体制のある事業所が医療・介護連携に総合的に取り組んでいる場合に
　　評価を行うものであるから、他の要件を満たす場合であっても、特定事
　　業所加算（Ⅰ）、（Ⅱ）又は（Ⅲ）のいずれかを算定していない月は特定事
　　業所医療介護連携加算の算定はできない。

③ 質の高いケアマネジメントの推進（公正中立性の確保）【新規】

【関係するサービス：居宅介護支援】

ア　ケアマネジメントの公正中立性の確保を図る観点から、事業者に、以下について、利用者に説明を行うとともに、介護サービス情報公表制度において公表する。【省令改正】

　　・前6か月間に作成したケアプランにおける、訪問介護、通所介護、地域密着型通所介護、福祉用具貸与の各サービスの利用割合

　　・前6か月間に作成したケアプランにおける、訪問介護、通所介護、地域密着型通所介護、福祉用具貸与の各サービスの、同一所業者によって提供されたものの割合

通知・Q＆A関係

○指定居宅介護支援等の事業の人員及び運営に関する基準について（平成11年7月29日 老企第22号）

第2　指定居宅介護支援等の事業の人員及び運営に関する基準

3　運営に関する基準

（2）内容及び手続きの説明及び同意 ※抜粋

　～また、基準第1条の2の基本方針に基づき、指定居宅介護支援の提供にあたっては、利用者の意思及び人格を尊重し、常に利用者の立場に立って、利用者に提供される指定居宅サービス等が特定の種類又は特定の指定居宅サービス事業者等に不当に偏することのないよう、公正中立に行わなければならないこと等を踏まえ、前6月間に当該指定居宅介護支援事業所において作成された居宅サービス計画の総数のうちに訪問介護、通所介護、福祉用具貸与及び地域密着型通所介護（以下「訪問介護等」という。）がそれぞれ位置付けられた居宅サービス計画の数が占める割合、前6月間に当該指定居宅介護支援事業所において作成された居宅サービス計画に位置付けられた訪問介護等ごとの回数のうちに同一の指定居宅サービス事業者又は指定地域密着型サービス事業者によって提供されたものが占める割合（上位3位まで）等につき十

分説明を行わなければならない。

　なお、この内容を利用者又はその家族に説明を行うにあたっては、理解が得られるよう、文書の交付に加えて口頭での説明を懇切丁寧に行うとともに、それを理解したことについて必ず利用者から署名を得なければならない。

　また、前6月間については、毎年度2回、次の期間における当該事業所において作成された居宅サービス計画を対象とする。

　　① 前期（3月1日から8月末日）

　　② 後期（9月1日から2月末日）

　なお、説明については、指定居宅介護支援の提供の開始に際し行うものとするが、その際に用いる当該割合については、直近の①もしくは②の期間のものとする。

> 「かかえこみ」に対する対応。利用者に対し「文書を交付」・「口頭での説明」・「利用者からの署名」の三点セットを忘れずに！

○「令和3年度介護報酬改定に関するQ＆A（Vol.3）（令和3年3月26日）」

○契約時の説明について

問111　今回の改定において、ケアマネジメントの公正中立性の確保を図る観点から、利用者に、前6か月間に作成したケアプランにおける、訪問介護、通所介護、地域密着型通所介護、福祉用具貸与（以下、「訪問介護等」という。）の各サービスの利用割合及び前6か月間に作成したケアプランにおける、訪問介護等の各サービスの、同一事業者によって提供されたものの割合（以下、訪問介護等の割合等）の説明を行うことと定められたが、具体的な説明として、どのような方法が考えられるか。

（答）　例えば、以下のように重要事項説明書等に記載し、訪問介護等の割合等を把握できる資料を別紙として作成し、居宅介護支援の提供の開始

において示すとともに説明することが考えられる。

　なお、「同一事業者によって提供されたものの割合」については、前
6か月間に作成したケアプランに位置付けられた訪問介護等の各事業
所における提供回数のうち（※同一事業所が同一利用者に複数回提供
してもカウントは1）、同一事業所によって提供されたものの割合で
あるが、その割合の算出に係る小数点以下の端数処理については、切
り捨てても差し支えない。

○契約時の説明について

問112　今回の改定により、前6か月間に当該指定居宅介護支援事業所にお
いて作成された居宅サービス計画の総数のうちに訪問介護等がそ
れぞれ位置付けられた居宅サービス計画の数が占める割合、前6月
間に当該指定居宅介護支援事業所において作成された居宅サービ
ス計画に位置付けられた訪問介護等ごとの回数のうちに同一の指
定居宅サービス事業所又は指定地域密着型サービス事業者によっ
て提供されたものが占める割合等を説明することを義務づけ、それ
に違反した場合は報酬が減額されるが、令和3年4月以前に指定居
宅介護支援事業者と契約を結んでいる利用者に対しては、どのよう
に取扱うか。

（答）　令和3年4月以前に契約を結んでいる利用者については、次のケアプ
ランの見直し時に説明を行うことが望ましい。

　なお、前6月間に当該指定居宅介護支援事業所において作成された
居宅サービス計画に位置付けられた訪問介護等ごとの回数のうちに同
一の指定居宅サービス事業者又は指定地域密着型サービス事業者に
よって提供されたものが占める割合について、当該事業所が令和3年
4月中に新たに契約を結ぶ利用者等において、当該割合の集計や出力
の対応が難しい場合においては、5月以降のモニタリング等の際に説
明を行うことで差し支えない。

④ 医療機関との情報連携強化【新規】

【関係するサービス：居宅介護支援】

　居宅介護支援について、医療と介護の連携を強化し、適切なケアマネジメントの実施やケアマネジメントの質の向上を進める観点から、利用者が医療機関において医師の診察を受ける際、介護支援専門員が同席し、医師等と情報連携を行い、当該情報を踏まえてケアマネジメントを行うことを一定の場合に評価する新たな加算を創設する。【告示改正】

【単位数】　　　　　　　　　　　　　　　　　　　　　　　（単位：単位／回）

	改定前	改定後	増減
通院時情報連携加算	×	50	+50

【算定要件】

ア　利用者1人につき、1月1回の算定を限度とする。

イ　利用者が医師の診察を受ける際に同席し、医師等の利用者の心身の状況や生活環境等の必要な情報提供を行い、医師等から利用者に関する必要な情報提供を受けたうえで、居宅サービス計画に記録した場合。

通知・Q＆A関係 ▮▮

○指定居宅サービスに要する費用の額の算定に関する基準（訪問通所サービス、居宅療養管理指導及び福祉用具貸与に係る部分）及び指定居宅介護支援に要する費用の額の算定に関する基準の制定に伴う実施上の留意事項について（平成12年3月1日 老企第36号）

第3　居宅介護支援費に関する事項

１５　通院時情報連携加算

　当該加算は、利用者が医師の診察を受ける際に同席し、医師等に利用者の心身の状況や生活環境等の必要な情報提供を行い、医師等から利用者に関する必要な情報提供を受けたうえで、居宅サービス計画等に記録した場合に、算定を行うものである。なお、同席にあたっては、利用者の同意を得たうえで、医師等と連携を行うこと。

○「令和3年度介護報酬改定に関するQ＆A（Vol.3）（令和3年3月26日）」

○通院時情報連携加算

問118　通院時情報連携加算の「医師等と連携を行うこと」の連携の内容、必要性や方法について、具体的に示されたい。

（答）　通院時に係る情報連携を促す観点から、〜（省略）医師等に利用者の心身の状況や生活環境等の必要な情報提供を行い、医師等から利用者に関する必要な情報提供を受けることとしている。

　　　　なお、連携にあたっては、利用者に同席する旨や、同席が診療の遂行に支障がないかどうかを事前に医療機関に確認しておくこと。

⑤ 看取り期におけるサービス利用前の相談・調整等に係る評価【新規】

【関係するサービス：居宅介護支援】

　居宅介護支援について、看取り期における適切な居宅介護支援の提供や医療と介護の連携を推進する観点から、居宅サービス等の利用に向けて介護支援専門員が利用者の退院時等にケアマネジメント業務を行ったものの利用者の死亡により、サービス利用に至らなかった場合に、モニタリングやサービス担当者会議における検討等、必要なケアマネジメント業務や給付管理のための準備が行われ、介護保険サービスが提供されたものと同様に取扱うことが適当と認められるケースについて、居宅介護支援の基本報酬の算定を可能とする見直しを行う。【通知改正】

→つまり、「サービス実績がなくとも居宅介護支援費が算定可能」ということ。

【単位数】　　　　　　　　　　　　　　　　　　　　　　　　　　（単位：単位／月）

	改定前	改定後
居宅介護支援費	算定不可	算定可能

【算定要件】

ア　モニタリング等の必要なケアマネジメント業務を行い、給付管理票の（原案の）作成など、請求にあたって必要な書類の整備を行っていること。

イ　居宅介護支援を算定した旨を適切に説明できるよう、個々のケアプラン等において記録で残しつつ、居宅介護支援事業所おいて、それらの書類等を管理しておくこと。

通知・Ｑ＆Ａ関係

○指定居宅サービスに要する費用の額の算定に関する基準（訪問通所サービス、居宅療養管理指導及び福祉用具貸与に係る部分）及び指定居宅介護支援に要する費用の額の算定に関する基準の制定に伴う実施上の留意事項について（平成12年3月1日 老企第36号）

第3　居宅介護支援費に関する事項

5　サービス利用表を作成した月において利用実績のない場合

　サービス利用票の作成が行われなかった月及びサービス利用票を作成した月においても利用実績のない月については、給付管理票を作成できないため、居宅介護支援費は算定できない。

　ただし、病院若しくは診療所又は地域密着型介護老人福祉施設若しくは介護保険施設（以下「病院等」という。）から退院又は退所する者等であって、医師が一般に認められている医学的知見に基づき回復の見込みがないと診断した利用者については、当該利用者に対してモニタリング等の必要なケアマネジメントを行い、給付管理表の作成など、請求にあたって必要な書類の整備を行っている場合は請求することができる。

　なお、その際は居宅介護支援費を算定した旨を適切に説明できるよう、個々のケアプラン等において記録を残しつつ、居宅介護支援事業所において、それらの書類を管理しておくこと。

算定根拠に関する記録を管理しよう！

⑥ 生活援助の訪問回数が多い利用者等のケアプランの検証【変更】

【関係するサービス：居宅介護支援】

　生活援助の訪問回数が多い利用者のケアプランについて、事務負担にも配慮して、検証の仕方や届出頻度の見直しを行う。区分支給限度基準額の利用割合が高く、訪問介護が大部分を占めるケアプランを作成する居宅介護支援事業者を対象とした点検・検証の仕組みを導入する。

ア　平成30年度介護報酬において導入された生活援助の訪問回数の多いケアプランの検証の仕組みについて、実施の状況や効果を踏まえて、ケアマネージャーや市町村の事務負担にも配慮して、届出のあったケアプランの検証や届出頻度について、以下の見直しを行う。【通知改正】

　・検証の仕方について、地域ケア会議のみならず、行政職員やリハビリテーション専門職を派遣する形で行うサービス担当者会議等での対応を可能とする。

　・届出頻度について、検証したケアプランの次回の届出は1年後とする。

イ　より利用者の意向や状態像に合った訪問介護の提供につなげることのできるケアプランの作成に資するよう、検証方法として効率的で訪問介護サービスの利用制限につながらない仕組みが求められていることを踏まえ、区分支給限度基準額の利用割合が高く、かつ、訪問介護が利用サービスの大部分を占めるケアプランを作成する居宅介護支援事業所を事業所単位で抽出するなどの点検・検証の仕組みを導入する。【省令改正】

→効率的な点検・検証の仕組みの周知期間の確保のため、令和3年10月から施行する。

通知・Q＆A関係 ▪▪▪

○指定居宅介護支援等の事業の人員及び運営に関する基準について（平成11年7月29日 老企第22号）

第2　居宅介護支援等の事業の人員及び運営に関する基準

3 運営に関する基準

(8) 指定居宅介護支援の基本取扱方針及び具体的取扱方針

⑲居宅サービス計画の届出 (第18条の2)

　〜また、居宅サービス計画の届出頻度について、一度市町村が検証した居宅サービス計画の次の届出は、1年後でよいものとする。

　市町村の検証の仕方については、包括的・継続的ケアマネジメント支援業務の効果的な実施のため、介護支援専門員、保険医療及び福祉に関する専門的知識を有する者、民生委員その他の関係者、関係機関及び関係団体 (以下「関係者等」という。) により構成される会議等の他に、当該市町村の職員やリハビリテーション専門職を派遣する形で行うサービス担当者会議等での検証も可能である。

⑳居宅サービス計画の届出 (第18条の3)

　居宅サービス計画に位置付けられた介護保険法施行規則 (平成11年厚生省令第36号) 第66条に規定する居宅サービス等区分に係るサービスの合計単位数 (以下「居宅サービス等合計単位数」という。) が区分支給限度基準額 (単位数) に占める割合や訪問介護に係る合計単位数が居宅サービス等合計単位数に占める割合が厚生労働大臣が定める基準 (基準第13条第18号の3の規定により厚生労働大臣が定める基準をいう。) に該当する場合に、利用者の自立支援・重度化防止や地域資源の有効活用等の観点から、市町村が確認し、必要に応じて是正を促していくことが適当である。このため、基準第13条第18号の3は、当該基準に該当する場合にその必要性を居宅サービス計画に記載するとともに、当該居宅サービス計画を市町村に届け出なければならないことを規定するものである。届出にあたっては、当該月において作成又は変更 (軽微変更を除く) した居宅サービス計画に位置付けられたサービスが当該基準に該当する場合には、市町村に届け出ることとする。

　なお、ここでいう当該月において作成又は変更した居宅サービス計画とは、当該月において利用者の同意を得て交付をした居宅サービス計画をいう。

また、居宅サービス計画の届出頻度については、一度市町村が検証した居宅サービスの計画の次回の届出は、1年後でよいものとする。

　市町村の検証の仕方については、包括的・継続的ケアマネジメント支援事業の効果的な実施のため、関係者等により構成される会議等の他に、当該市町村の職員やリハビリテーション専門職を派遣する形で行うサービス担当者会議等での検証も有効である。

　なお、基準第13条第18号の3については、令和3年10月1日より施行されるため、同年10月以降に作成又は変更した居宅サービス計画について届出を行うこと。

⑦ サービス付き高齢者向け住宅等における適正なサービス提供の確保【新規】

【訪問系サービス（定期巡回・随時対応型訪問介護看護を除く）、通所系サービス（地域密着型通所介護、認知症対応型通所介護を除く）、福祉用具貸与、居宅介護支援】

　サービス付き高齢者向け住宅等における適正なサービス提供を確保する観点から、事業所指定の際の条件付け（利用者の一定割合以上を併設集合住宅以外の利用者とする等）や家賃・ケアプランの確認などを通じて、自治体による更なる指導の徹底を図る。【省令改正・通知改正】

ア　訪問系サービス（定期巡回型・随時対応型訪問介護看護を除く）、通所系サービス（地域密着型通所介護、認知症対応型通所介護を除く）及び福祉用具貸与について、事業所と同一の建物に居住する利用者に対してサービス提供を行う場合には、当該建物に居住する利用者以外に対してもサービス提供を行うように努めることとする。【省令改正】

イ　事業所を市町村等が指定する際に、例えば、当該事業所の利用者のうち一定割合以上を当該事業所に併設する集合住宅以外の利用者とするよう努める、あるいはしなければならない等の条件を付することは差し支え

ないことを明確化する。【通知改正】

ウ　同一のサービス付き高齢者向け住宅等に居住する者のケアプランについて、区分支給限度基準額の利用割合が高い者が多い場合に、併設事業所の特定を行いつつ、当該ケアプランを作成する居宅介護支援事業所を事業所単位で抽出するなどの点検・検証を行うとともに、サービス付き高齢者向け住宅等における家賃の確認や利用者のケアプランの確認を行うことなどを通じて、介護保険サービスが入居者の自立支援等に繋がっているかの観点も考慮しながら、指導監督権限を持つ自治体による更なる指導徹底を図る。居宅介護支援事業所を事業所単位で抽出するなどの点検・検証については効率的な点検・検証の仕組みの周知期間の確保等のため、令和3年10月から施行する。

→具体的な施行は、令和3年10月1日からとなる。

通知・Q＆A関係

○指定居宅サービス等及び指定介護予防サービス等に関する基準について（平成11年9月17日 老企第25号）

第3　介護サービス ― 訪問介護

3　運営に関する基準

（29）地域との連携等

①（省略）

②同条第2項は、高齢者向け集合住宅等と同一の建物に所在する指定訪問介護事業所が当該高齢者向け集合住宅等に居住する要介護者に指定訪問介護を提供する場合、当該高齢者向け集合住宅等に居住する要介護者のみを対象としたサービス提供が行われないよう、～（省略）。例えば、当該事業所の利用者のうち、一定割合以上を当該集合住宅以外の利用者とするよう努める、あるいはしなければならない等の規定を設けることは差し支えないものである。この際、自立支援や重度化防止等につながるようなサービス提供がなされているか等、サービスの質が担保されているかが重要であることを留意すること。

「要支援・介護状態」になることは「事故」です

　今回の介護報酬改定においても、介護保険を安定して運用していくために、様々な規定や変更がなされました。これは制度事業を維持するためにも当然のことと思います。反面、この方針が強く打ち出されるあまり、大原則である介護保険は、そもそも「保険」であり、「要支援・要介護状態」になるということは、被保険者にとって「事故」に遭遇したということが忘れ去られているような話を伺うことがあります。

　くどいようですが、地方公共団体が保険者となり、その住民が被保険者となり（前住所地特例がありますが）、**「要支援・要介護状態」になった場合、保険を利用することは、ある種法律に定められた被保険者としての権利**なのです。

　と、するならば、被保険者が、自立支援の趣旨を踏まえたうえで、介護保険の利用を妨げられるようなことは、たとえ保険者であっても許されないものと思います（決して、無駄遣いを助長する訳ではありません）。

　この介護保険制度において、「要支援・要介護状態」となることは、保険でいう「事故」であり、被保険者は当然、この権利を行使することができるという大原則を、保険者・被保険者・事業者の皆さんは、忘れないようにしましょう。

【 訪問系サービス 】

1 訪問介護

① 基本報酬【変更】

【関係するサービス：訪問介護】

　自立支援・重度化防止に資する訪問介護を推進・評価する観点から、訪問介護事業所の経営実態を踏まえたうえで、身体介護に重点を置くなど、身体介護・生活援助の報酬にメリハリをつける。

【単位数】　　　　　　　　　　　　　　　　　　　　　　　（単位：単位／回）

		改定前	改定後	増減
身体介護中心型	20分未満	166	167	+1
	20分以上30分未満	249	250	+1
	30分以上1時間未満	395	396	+1
	1時間以上1時間30分未満	577	579	+2
	以降30分を増すごとに算定	83	84	+1
	生活援助加算 ※	66	67	+1
生活援助中心型	20分以上45分未満	182	183	+1
	45分以上	224	225	+1
通院等乗降介助		98	99	+1

※引き続き、生活援助を行った場合の加算は次のとおり。所要時間が20分から起算して25分を増すごとに+67単位を加算、70分以上の場合には+201単位を限度とする。

② 認知症専門ケア加算等の見直し【新規】

【関係するサービス：訪問介護・定期巡回・随時対応型訪問介護看護、夜間対応型訪問介護、訪問入浴介護】

　認知症専門ケア加算等について、各介護サービスにおける認知症対応力を向上させていく観点から、以下の見直しを行う。【告示改正】

ア　訪問介護、訪問入浴介護、夜間対応型訪問介護、定期巡回・随時対応型訪問介護看護について、他のサービスと同様に、認知症専門ケア加算を新たに創設する。

イ　認知症専門ケア加算（通所介護、地域密着型通所介護、療養通所介護においては認知症加算）の算定要件の一つである、認知症ケアに関する専門研修（認知症ケア加算（Ⅰ）は認知症介護実践リーダー研修、認知症専門ケア加算（Ⅱ）は認知症介護指導者研修、認知症加算は認知症介護指導者養成研修、認知症介護実践リーダー研修、認知症介護実践者研修）を修了した者の配置について認知症ケアに関する専門性の高い看護師（認知症看護認定看護師、老人看護専門看護師、精神看護専門看護師及び精神科認定看護師）を、加算の配置要件の対象に加える。

　　なお、上記の専門研修については、質を確保しつつ、eラーニングの活用等により受講しやすい環境整備を行う。

【単位数】　　　　　　　　　　　　　　　　　　　　　　　　　（単位：単位／日）

	改定前	改定後	増減
認知症専門ケア加算（Ⅰ）	×	3	+3
認知症専門ケア加算（Ⅱ）	×	4	+4

【算定要件】

○認知症専門ケア加算（Ⅰ）

ア　認知症高齢者の日常生活自立度Ⅲ以上の者が利用者の50％以上。

イ　認知症介護実践リーダー研修修了者を認知症高齢者の日常生活自立度Ⅲ以上の者が20人未満の場合は1名以上、20名以上の場合は1に、当該対象者の数が19を超えて10又は端数を増すごとに1を加えて得た数以上配置し、専門的な認知症ケアを実施。

→この算定要件は、既存の他のサービスの認知症専門ケア加算と同様の要件。

○認知症専門ケア加算（Ⅱ）

ア　認知症専門ケア加算（Ⅰ）の要件を満たし、かつ、認知症介護指導者養成
　　研修修了者を1名以上配置し、事業所全体の認知症ケアの指導等を実施。

イ　介護、看護職員ごとの認知症ケアに関する研修計画を作成し、実施又は
　　実施を予定。

通知・Q＆A関係 ||||||||||||||||||||||||||||||||||||||||||||||||||||||||||||||||||||||||||

○指定居宅サービスに要する費用の額の算定に関する基準（訪問通所サービス、居宅療養管理指導及び福祉
　用具貸与に係る部分）及び指定居宅介護支援に要する費用の額の算定に関する基準の制定に伴う実施上
　の留意事項について（平成12年3月1日 老企第36号）

第2　居宅サービス単位表（訪問介護費から通所リハビリテーション費まで及び福祉
用具貸与費に係る部分に限る。）に関する事項

2　訪問介護費

（21）認知症専門ケア加算について

①「日常生活に支障を来たす恐れがある症状若しくは行動が認められること
　から介護を必要とする認知症の者」とは、日常生活自立度のランクⅢ、Ⅳ
　又はMに該当する利用者を指すものとする。

②認知症高齢者の日常生活自立度Ⅲ以上の割合が2分の1以上の算定方法は、
　算定日が属する月の前3月間の利用者実人数又は利用者延人数の平均で算
　定すること。また、届出を行った月以降においても、直近3月間の認知症
　高齢者の日常生活自立度Ⅲ以上の割合につき、毎月継続的に所定の割合以
　上であることが必要である。なお、その割合については、毎月記録するも
　のとし、所定の割合を下回った場合については、直ちに第一の5の届出を
　提出しなければならない。

③「認知症介護に係る専門的な研修」とは、「認知症介護実践者等養成事業の
　実施について」（平成18年3月31日老発第0331010号厚生労働省老健局
　長通知）、「認知症介護実践者等養成事業の円滑な運営について（平成18
　年3月31日老計第0331007号厚生労働省計画課長通知）に規定する」認
　知症介護実践リーダー研修及び認知症看護に係る適切な研修を指すものと

する。

④「認知症ケアに関する留意事項の伝達又は技術的指導に係る会議」の実施にあたっては、登録ヘルパーを含めて、全員が一堂に会して開催する必要ななく、いくつかのグループ別に分かれて開催することで差し支えない。

　また、「認知症ケアに関する留意事項の伝達又は技術的指導に係る会議」は、テレビ電話装置等を活用して行うことができるものとする。この際、個人情報保護委員会・厚生労働省「医療・介護関係事業者における個人情報の適切な取扱いのためのガイダンス」、厚生労働省「医療情報システムの安全管理に関するガイドライン」を遵守していること。

⑤「認知症介護の指導に係る専門的な研修」とは、「認知症介護実践者等養成研修事業の実施について」、「認知症介護実践者等養成事業の円滑な運営について」に規定する「認知症介護指導者養成研修」及び「認知症看護に係る適切な研修」を指すものとする。

<hr>

○「令和3年度介護報酬改定に関するQ＆A（Vol.4）（令和3年3月29日）」

○認知症専門ケア加算

問30　認知症高齢者の日常生活自立度の確認方法は如何にすればよいか。

（答）　認知症高齢者の日常生活自立度の決定にあっては、医師の判定結果又は主治医意見書を用いて、居宅サービス計画又は各サービスの計画に記載することとなる。

　なお、複数の判定結果がある場合には、最も新しい判定を用いる。

　医師の判定が無い場合は、「要介護認定等の実施について」に基づき、認定調査員が記入した同通知「2（4）認定調査員」に規定する「認定調査票」の「認定調査票（基本調査）」7の「認知症高齢者の日常生活自立度」欄の記載を用いるものとする。

③ 訪問介護における看取り期の対応の評価【変更】

【関係するサービス：訪問介護】

　看取り期における対応の充実と適切な評価を図る観点から、看取り期には頻回の訪問介護が必要とされるとともに、柔軟な対応が求められることを踏まえ、看取り期の利用者に訪問介護を提供する場合に、訪問介護に係る2時間ルール（前回提供した訪問介護から、概ね2時間未満の間隔で訪問介護が行われた場合には、2回分の介護報酬を算定するのではなく、それぞれのサービス提供に係る所要時間を合算して報酬を算定すること）を弾力化し、2時間未満の間隔で訪問介護が行われた場合に、所要時間を合算せずに、それぞれの所定単位数の算定を可能とする。【通知改正】

【単位数】
※単位数については省略。

【例外規定適用の要件】

　医師が一般に認められている医学的知見に基づき回復の見込みがないと診断した者に訪問介護を提供する場合、例外の取扱いを認める（2時間ルールの例外）。

【例外規定適用の効果】

　看取り期の利用者に訪問介護を提供する場合、2時間ルール（2時間未満の間隔のサービス提供は所要時間を合算すること）を弾力化し、所要時間を合算せず、それぞれの所定単位数の算定を可能とする。

　「2時間ルール」の例外規定！2時間ルールが廃止された訳ではないので注意！

○指定居宅サービスに要する費用の額の算定に関する基準（訪問通所サービス、居宅療養管理指導及び福祉用具貸与に係る部分）及び指定居宅介護支援に要する費用の額の算定に関する基準の制定に伴う実施上の留意事項について（平成12年3月1日 老企第36号）

第2　居宅リービス単位表（訪問介護費から通所リハビリテーション費まで及び福祉用具貸与費に係る部分に限る。）に関する事項

2　訪問介護費

（4）訪問介護の所要時間

④訪問介護は、〜医師が一般に認められている医学的知見に基づき回復の見込みがないと診断した者に訪問介護を提供する場合を除く。【例外規定】

▐▐

○「令和3年度介護報酬改定に関するQ＆A（Vol.4）（令和3年3月29日）」

○看取り期の利用者に訪問介護を提供する場合の2時間ルールの弾力化

問7　看取り期の利用者に訪問介護を提供する際は、2時間未満の間隔で訪問介護が行われた場合に、所要時間を合算せずに、それぞれの所定単位数の算定が可能となったが、所要時間を合算するという従来の取扱いを行うことは可能か。

（答）　可能である。つまり、2時間ルールの弾力化は、看取り期の利用者に対して、頻回かつ柔軟な訪問介護を提供した場合の手間を評価するものであることから、それぞれの所要時間を合算して所定単位数を算定する場合と合算せず算定する場合を比較して、前者の所定単位数が高い場合には所要時間を合算してもよい取扱いとする。なお、適用回数や日数についての要件は設けていない。

④ 訪問介護における通院等乗降介助の見直し【変更】

【関係するサービス：訪問介護、通所系サービス、短期入所系サービス】

　通院等乗降介助について、利用者の身体的・経済的負担の軽減や利便性の向上の観点から、目的地が複数ある場合であっても、居宅が始点又は終点となる場合は、その間の病院等から病院等への移送や、通所系サービス・短期入所系サービスの事業者から病院等への移送といった目的地間の移送に係る乗降介助に関しても、同一の指定訪問介護事業所が行うことを条件に、算定可能とする。この場合、通所系サービスについては利用者宅と事業所との間の送迎を行わない場合の減算を適用し、短期入所系サービスについては、利用者に対して送迎を行う場合の加算を算定できないこととする。

　また、この場合の「通院等」には、入院と退院も含まれる。【通知改正】

【単位数】　　　　　　　　　　　　　　　　　　　　　　　　　　（単位：単位／回）

	改定前	改定後	増減
通院等乗降介助	×	99単位／片道	+99

【算定にあたっての注意点】

ア　通所サービス…利用者宅事業所との間の送迎を行わない場合の減算（送迎減算）が適用される。

イ　短期入所サービス…利用者に対して送迎を行う場合の加算は算定不可。

通知・Q & A関係 ▏▏

○指定居宅サービスに要する費用の額の算定に関する基準（訪問通所サービス、居宅療養管理指導及び福祉用具貸与に係る部分）及び指定居宅介護支援に要する費用の額の算定に関する基準の制定に伴う実施上の留意事項について（平成12年3月1日 老企第36号）

第2　居宅サービス単位表（訪問介護費から通所リハビリテーション費まで及び福祉用具貸与費に係る部分に限る。）に関する事項

2　訪問介護費

（7）「通院乗降介助」の単位を算定する場合

①〜③（省略）

④利用目的について、「通院等のため」とは、「身体介護中心型」としての通院・外出介助と同じものである。なお、この場合の「通院等」には、入院と退院も含まれる。

⑤〜⑦（省略）

⑧目的地が複数あって居宅が始点又は終点となる場合には、目的地（病院等）間の移送や、通所サービス・短期入所サービスの事業所から目的地（病院等）への移送に係る乗降介助に関しても同一の指定訪問介護事業が行うことを条件に、算定することができる。なお、この場合、通所サービスについては利用者宅と事業所との間の送迎を行わない場合の減算（以下の具体的な取扱いにおいて「送迎減算」という。）が適用となり、短期入所サービスについては、利用者に対して送迎を行う場合の加算を算定できない。

※具体的な取扱い以下、省略。

○「令和3年度介護報酬改定に関するQ＆A（Vol.3）（令和3年3月26日）」

○送迎減算

問30　訪問介護員等による送迎で通所サービスを利用する場合、介護報酬はどのように算定すればよいか。

（答）　送迎については、通所サービスの介護報酬において評価しており、利用者の心身の状況により通所サービスの事業所の送迎車を利用することができないなど、特別な事情が無い限り、訪問介護員等による送迎を別途訪問介護費として算定することはできない。

　　　　ただし、利用者が、居宅から病院等の目的地を経由して通所サービスの事業所へ行く場合や、通所サービスの事業所から病院等の目的地を経由した居宅へ帰る場合等、一定の条件のもとに、令和3年度から訪問介護費を算定することができることとする。

　　　　なお、訪問介護員等により送迎が行われる場合、当該利用者が利用

している通所サービスの事業所の従業員が当該利用者の居宅と事業所間の送迎を実施していないため、送迎減算が適用されることに留意すること。

○「令和3年度介護報酬改定に関するQ＆A（Vol.4）（令和3年3月29日）」
○送迎減算

問4　1日に複数の医療機関を受診する場合に、医療機関から医療機関への移送に伴う介護について「通院等のための乗車又は降車の介助」を算定できるか。

（答）　居宅以外において行われるバス等の公共交通機関への乗降、院内の移動等の介助などのサービス行為だけをもって、訪問介護として算定することはできない。したがって、医療機関から医療機関への移送に伴う介護については、「通院のための乗車又は降車の介助」を算定することはできない。

　　　　ただし、居宅が起点又は終点となる場合、その間の医療機関から医療機関への移送に伴う介護については、同一の事業所が移送を行う場合に限り、算定することができる。

⑤ 生活機能向上連携加算の見直し【変更】

【関係するサービス：訪問介護、定期巡回・随時対応型訪問介護看護、小規模多機能型居宅介護】

　生活機能向上連携加算について、算定率が低い状況を踏まえ、その目的である外部のﾘﾊﾋﾞﾘﾃｰｼｮﾝ専門職等との連携による自立支援・重度化防止に資する介護の推進を図る観点から、以下の見直し及び対応を行う。

ア　通所系、短期入所系、居住系、施設の各サービスについてなので省略。
　　【告示改正】

イ　訪問系サービス、多機能系サービスにおける生活機能向上連携加算（Ⅱ）について、サービス提供責任者とリハビリテーション専門職等がそれぞれ利用者の自宅を訪問したうえで、共同してカンファレンスを行う要件に関して、要介護者の生活機能を維持させるためには多職種によるカンファレンスが効果的であることや、業務効率化の観点から、同カンファレンスについては利用者・家族も参加するサービス担当者会議及びリハビリテーション専門職等によるカンファレンスでも差し支えないことを明確化する。【通知改正】

ウ　外部のリハビリテーション専門職等の連携先を見つけやすくするため、生活機能向上連携加算の算定要件上、連携先となり得る訪問・通所リハビリテーション事業所が任意で情報を公表するなどの取組を進める。

エ　通所系サービス、短期入所系サービス、居住系サービス、施設サービスにおける生活機能向上連携加算について、訪問介護等における同加算と同様に、ICTの活用等により、外部のリハビリテーション専門職等が当該サービス事業所を訪問せずに、利用者の状態を適切に把握し助言した場合について評価する区分を新たに設ける。【告示改正】

【単位数】　　　　　　　　　　　　　　　　　　　　　　　　（単位：単位／月）

	改定前	改定後	増減
生活機能向上連携加算	200	×	▲200
生活機能向上連携加算（Ⅰ）★新規	×	100	+100
生活機能向上連携加算（Ⅱ）	×	200	+200

※（Ⅰ）と（Ⅱ）の併算定は不可。

【算定要件】

○生活機能向上連携加算（Ⅰ）※新規

ア　訪問・通所リハビリテーションを実施している事業所又はリハビリテーションを実施している医療提供施設（病院にあっては許可病床数が200床未満のもの又は

当該病院を中心とした半径4キロ以内に診療所が存在しない場合に限る。）の理学療法士等や医師からの助言（アセスメント・カンファレンス）を受けることができる体制を構築し、助言を受けたうえで、機能訓練指導員等が生活機能の向上を目的とした個別機能訓練計画を作成すること。

イ　理学療法士等や医師は、通所ﾘﾊﾋﾞﾘﾃｰｼｮﾝ等のサービス提供の場又はICTを活用した動画等により、利用者の状態を把握したうえで助言を行うこと。

○生活機能向上連携加算（Ⅱ）※現行と同じ

ア　訪問・通所ﾘﾊﾋﾞﾘﾃｰｼｮﾝの理学療法士・作業療法士・言語聴覚士が利用者宅を訪問して行う場合又は、ﾘﾊﾋﾞﾘﾃｰｼｮﾝを実施している医療提供施設（病院にあっては許可病床数が200床未満のもの又は当該病院を中心とした半径4キロ以内に診療所が存在しない場合に限る。）の理学療法士・作業療法士・言語聴覚士・医師が訪問して行う場合に算定。

　　ⅰ　カンファレンスの開催方法

　　　・会議は、テレビ電話装置等を活用して行うことができるものとする。

　　ⅱ　遵守すべき事項

　　　・「医療・介護関係事業者における個人情報の適切な取り扱いのためのガイダンス」（個人情報保護委員会・厚生労働省）

　　　・「医療情報システムの安全管理に関するガイドライン」（厚生労働省）

　　ⅲ　「カンファレンス」と「サービス担当者会議」の区分

　　　・この場合、「カンファレンス」は、サービス担当者会議の前後の時間を明確に区分したうえで、サービス提供責任者及び理学療法士等により実施されるもので差し支えない。

○指定居宅サービスに要する費用の額の算定に関する基準（訪問通所サービス、居宅療養管理指導及び福祉用具貸与に係る部分）及び指定居宅介護支援に要する費用の額の算定に関する基準の制定に伴う実施上の留意事項について（平成12年3月1日 老企第36号）

第2　居宅サービス単位表（訪問介護費から通所リハビリテーション費まで及び福祉用具貸与費に係る部分に限る。）に関する事項

2　訪問介護費

（20）生活機能向上連携加算について

①生活機能向上連携加算（Ⅱ）について

イ（省略）

ロ　イの訪問介護計画書の作成にあたっては、〜行うものとする。

　　　カンファレンスはテレビ電話装置等を活用して行うことができるものとする。この際、個人情報保護委員会・厚生労働省「医療・介護関係事業者における個人情報の適切な取扱いのためのガイダンス」、厚生労働省「医療情報システムの安全管理に関するガイドライン」等を遵守すること。

　　　また、この場合の「カンファレンス」は、サービス担当者会議の前後に時間を明確に区分したうえで、サービス提供責任者及び理学療法士等により実施されるもので差し支えない。

⑥ 特定事業所加算の見直し【変更】

【関係するサービス：訪問介護】

　訪問介護の特定事業所加算について、事業所を適切に評価する観点から、訪問介護以外のサービスにおける類似の加算であるサービス提供体制強化加算の見直しも踏まえて、以下の見直しを行う。具体的には、特定事業所加算（Ⅴ）を新設する。

【単位数】　　　　　　　　　　　　　　　　　　　　（単位：単位／月）

	改定前	改定後	増減
特定事業所加算（Ⅰ）	+20/100	変更無	± 0
特定事業所加算（Ⅱ）	+10/100	変更無	± 0
特定事業所加算（Ⅲ）	+10/100	変更無	± 0
特定事業所加算（Ⅳ）	+5/100	変更無	± 0
特定事業所加算（Ⅴ）	×	所定単位数の3%/回を加算	

※加算（Ⅴ）は、加算（Ⅲ）（重度者対応要件による加算）との併算定が可能。
※加算（Ⅴ）は、（Ⅰ）・（Ⅱ）・（Ⅳ）との併算定は不可。

【算定要件】

ア　体制要件 ※**特定事業所加算（Ⅰ）〜（Ⅲ）と同様**

・訪問介護員等ごとに作成された研修計画に基づく研修の実施

・利用者に関する情報又はサービス提供に当たっての留意事項の伝達等を目的とした会議の定期的な開催。

・利用者情報の文書等による伝達、訪問介護員等からの報告

・健康診断等の定期的な実施

・緊急時等における対応方法の明示

イ　人材要件**【特定事業所加算（Ⅴ）における新しい要件】**

・**訪問介護員等の総数のうち、勤続年数7年以上の者の占める割合が30%以上**であること。

（体制要件）

ア　会議の開催方法

・会議は、テレビ電話装置等を活用して行うことができるものとする。
【容認規定】

イ　遵守すべき事項

・「医療・介護関係事業者における個人情報の適切な取り扱いのためのガ

イダンス」(個人情報保護委員会・厚生労働省)

・「医療情報システムの安全管理に関するガイドライン」(厚生労働省)

(人材要件)

ア　勤続年数

・勤続年数とは、各月の前月の末日時点における勤続年数をいう。

イ　勤続年数の算定

・当該事務所における勤続年数に加え、同一法人等の経営する他の介護サービス事業所、病院、社会福祉施設等においてサービスを利用者に直接提供する職員として勤務した年数を含めることができる。【容認規定】

通知・Q＆A関係

○指定居宅サービスに要する費用の額の算定に関する基準(訪問通所サービス、居宅療養管理指導及び福祉用具貸与に係る部分)及び指定居宅介護支援に要する費用の額の算定に関する基準の制定に伴う実施上の留意事項について(平成12年3月1日 老企第36号)

第2　居宅サービス単位表(訪問介護費から通所リハビリテーション費まで及び福祉用具貸与費に係る部分に限る。)に関する事項

2　訪問介護費

(12)特定事業所加算について

①体制要件

イ(省略)

ロ　会議の定期的開催

同号イ(2)(一)の〜必要がある。

　また、会議は、テレビ電話装置等(リアルタイムでの画像を介したコミュニケーションが可能な機器をいう。以下同じ。)を活用して行うことができるものとする。この際、個人情報保護委員会・厚生労働省「医療・介護関係事業者における個人情報の適切な取扱いのためのガイダンス」、厚生労働省「医療情報システムの安全管理に関するガイドライン」等を遵守すること。

ハ～ホ（省略）

②人材要件

イ、ロ（省略）

ハ　勤続年数要件

　　a　勤続年数とは、各月の前月の末日時点における勤続年数をいうものとする。具体的には、令和3年4月における勤続年数7年以上の者とは、令和3年3月31日時点で勤続年数が7年以上である者をいう。

　　b　勤続年数の算定にあたっては、当該事業所における勤務年数に加え、同一法人等の経営する他の介護サービス事業所、病院、社会福祉施設等においてサービスを利用者に直接提供する職員として勤務した年数を含めることができるものとする。

||||||||||||||||||||||||||||||||||||||||||||||||||||||||||||||||||||||||||||||||||||||||||||||||||||||||||||||||||

○「令和3年度介護報酬改定に関するQ＆A（Vol.4）（令和3年3月29日）」

○特定事業加算（Ⅴ）

問1　特定事業加算（Ⅴ）の勤続年数（勤続年数が7年以上の訪問介護員等を30％以上とする要件）における具体的な割合はどのように算出するのか。

（答）　勤続年数要件の訪問介護員等の割合については、特定事業所加算（Ⅰ）・（Ⅱ）の訪問介護員等要件と同様に、前年度（3月を除く11か月間。）又は届出日の属する月の前3月の1月あたりの実績の平均について、常勤換算方法により算出した数を用いて算出するものとする。

⑦ サービス付き高齢者向け住宅等における適正なサービス提供の確保【新規】

→「居宅介護支援」⑦を参照のこと。

⑧ 生活援助の訪問回数が多い利用者等のケアプランの検証【変更】

→「居宅介護支援」⑥を参照のこと。

2 訪問看護

① 基本報酬【変更】※予防含む

【関係するサービス：訪問看護】

　要支援者と要介護者に対する訪問看護につき、現在同一の評価となっているが、両者のサービスの提供内容等を踏まえ、基本サービス費に一定の差を設ける。

ア　指定訪問看護ステーションの場合

【単位数】　　　　　　　　　　　　　　　　　　　　　　　　（単位：単位／回）

		改定前	改定後	増減
訪問看護	20分未満	312	313	+1
	30分未満	469	470	+1
	30分以上1時間未満	819	821	+2
	1時間以上1時間30分未満	1,122	1,125	+3
	理学療法士等	297	293	▲4
介護予防訪問看護	20分未満	301	302	+1
	30分未満	449	450	+1
	30分以上1時間未満	790	792	+2
	1時間以上1時間30分未満	1,084	1,087	+3
	理学療法士等	287	283	▲4

※理学療法士等…理学療法士、作業療法士、言語聴覚士
※理学療法士等については、1日3回以上の場合は90/100（変更なし）

イ 病院又は診療所の場合

【単位数】 (単位：単位／回)

		改定前	改定後	増減
訪問看護	20分未満	264	265	+1
	30分未満	397	398	+1
	30分以上1時間未満	571	573	+2
	1時間以上1時間30分未満	839	842	+3
介護予防訪問看護	20分未満	254	255	+1
	30分未満	380	381	+1
	30分以上1時間未満	550	552	+2
	1時間以上1時間30分未満	810	812	+2

通知・Q＆A関係 ▨▨

○指定居宅サービスに要する費用の額の算定に関する基準（訪問通所サービス、居宅療養管理指導及び福祉
　用具貸与に係る部分）及び指定居宅介護支援に要する費用の額の算定に関する基準の制定に伴う実施上
　の留意事項について（平成12年3月1日 老企第36号）

第2　居宅サービス単位表（訪問介護費から通所リハビリテーション費まで及び福祉
用具貸与費に係る部分に限る。）に関する事項

4　訪問看護費

（1）「通院が困難な利用者」について

　訪問看護費は「通院が困難な利用者」に対して給付することとされている
が、通院の可否に関わらず、療養生活を送るうえでの居宅での支援が必要と
判断された場合は訪問看護費を算定できるものである。加えて、理学療法士、
作業療法士又は言語聴覚士による訪問看護については、指定通所リハビリテーション
のみでは家屋内におけるADLの自立が困難である場合であって、ケアマネジ
メントの結果、看護職員と理学療法士、作業療法士又は言語聴覚士が連携し
た家屋状況の確認を含めた訪問看護の提供が必要と判断された場合に、訪問
看護費を算定できるものである。「通院が困難な利用者」の趣旨は、通院によ
り、同様のサービスが担保されるのであれば、通院サービスを優先すべきと

いうことである。

② 退院当日の訪問看護【変更】

【関係するサービス：訪問看護】

　利用者のニーズに対応し、在宅での療養環境を早期に整える観点から、退院・退所当日の訪問看護について、現行の特別管理加算の対象に該当する者に加えて、診療報酬上の取扱いと同様に、主治の医師が必要と認める場合には算定を可能とする。【通知改正】

【算定要件】

ア　医療機関、介護老人保健施設、介護療養型医療施設又は介護医療院を退院・退所した日について、厚生労働大臣が定める状態（利用者等告示第六号）にある利用者。

イ　利用者のニーズに対応し、在宅での療養環境を早期に整える観点から、退院・退所当日の訪問看護について、現行の特別管理加算の対象に該当する者に加えて、主治の医師が必要と認める場合は算定可能とする。

通知・Q＆A関係

○指定居宅サービスに要する費用の額の算定に関する基準（訪問通所サービス、居宅療養管理指導及び福祉用具貸与に係る部分）及び指定居宅介護支援に要する費用の額の算定に関する基準の制定に伴う実施上の留意事項について（平成12年3月1日 老企第36号）

第2　居宅サービス単位表（訪問介護費から通所リハビリテーション費まで及び福祉用具貸与費に係る部分に限る。）に関する事項

4　訪問看護費

（20）介護保健施設、介護療養型医療施設、介護医療院及び医療機関を退所・退院した日の訪問看護の取扱い

介護老人保健施設、指定介護療養型医療施設、介護医療院及び医療機関を退所・退院した日については、第2の1の（3）に関わらず、厚生労働大臣が定

める状態（利用者告示第6号を参照のこと。）にある利用者又は主治の医師が
退所・退院した日に訪問看護が必要であると認める利用者に限り、訪問看護
費を算定できることとする。

○厚生労働大臣が定める状態（利用者等告示六号）

イ　在宅悪性腫瘍等患者指導管理若しくは在宅気管切開患者指導管理を受け
　　ている状態又は気管カニューレ若しくは留置カテーテルを使用している
　　状態
ロ　以下のいずれかを受けている状態にある者
　　・在宅自己腹膜灌流指導管理
　　※以下、省略。
ハ　人工肛門又は人工膀胱を設置している状態
ニ　真皮を超える褥瘡の状態
ホ　点滴注射を週3回以上行う必要があると認められた状態（在宅患者訪問
　　点滴注射管理指導料を算定している者）

③ 看護体制強化加算の見直し【変更・新規】※予防含

【関係するサービス：訪問看護】

　訪問看護の看護体制強化加算について、医療ニーズのある要介護者等の在
宅医療を支える環境を整える観点や訪問看護の機能強化を図る観点から、以
下の見直しを行う。【告示改正】

【単位数】　　　　　　　　　　　　　　　　　　　　　　（単位：単位／月）

		改定前	改定後	増減
訪問看護	看護体制強化加算（Ⅰ）	600	550	▲50
	看護体制強化加算（Ⅱ）	300	200	▲100
介護予防訪問看護	看護体制強化加算	300	100	▲200

【算定要件】

ア 利用者の実態等も踏まえて、「特別管理加算を算定した割合30%以上」
の要件を、「20%以上」に見直す。この際、当該要件緩和や、介護予防訪
問看護についてはターミナルケア加算の要件が含まれていないことを踏
まえて、訪問看護の看護体制強化加算（Ⅰ）及び（Ⅱ）並びに介護予防訪問
看護の看護体制強化加算の評価の見直しを行う。

イ サービスの継続性に配慮しつつ、指定（介護予防）訪問看護の提供にあた
る従業員に占める看護職員の割合を6割以上とする要件を新たに設ける。
その際、2年の経過措置期間を設ける。

→2年間の経過期間を設ける。

→令和5年3月31日時点で看護体制強化加算を算定している事業所で
あって、急な看護職員の退職等により看護職員6割以上の要件を満た
せなくなった場合、指定権者に定期的に採用計画を提出することで、採
用がなされるまでの間は同要件の適用を猶予する。

> 経過措置期間が「2年間」であることに要注意！訪問リハビリテーションの場合と
> 比較しよう。

通知・Q&A関係

○指定居宅サービスに要する費用の額の算定に関する基準（訪問通所サービス、居宅療養管理指導及び福祉
用具貸与に係る部分）及び指定居宅介護支援に要する費用の額の算定に関する基準の制定に伴う実施上
の留意事項について（平成12年3月1日 老企第36号）

第2 居宅サービス単位表（訪問介護費から通所リハビリテーション費まで及び福祉
用具貸与費に係る部分に限る。）に関する事項

4 訪問看護費

（24）看護体制強化加算について

①～③（省略）

④看護職員の占める割合の算出にあたっては、常勤換算方法により算出した

前月（歴月）の平均を用いることとする。なお、当該割合が100分の60から1割を超えて減少した場合（100分の54を下回った場合）には、その翌月から看護体制強化加算を算定できないものとし、1割の範囲内で減少した場合（100分の54以上100分の60未満であった場合）には、その翌々月から当該加算を算定できないものとすること（ただし、翌月の末日において100分の60以上となる場合を除く。）。

○「令和3年度介護報酬改定に関するＱ＆Ａ（Vol.3）（令和3年3月26日）」
○看護体制強化加算について
問11　看護体制強化加算に係る経過措置について、令和5年4月1日以後に「看護職員の離職等」により基準に適合しなくなった場合の経過措置で、看護職員の採用に関する計画について具体的な様式は定められているのか。
（答）　様式は定められていない。

④ サービス提供体制強化加算の見直し【変更】

【関係するサービス：定期巡回・随時対応型訪問介護看護、夜間対応型訪問介護、訪問入浴介護、訪問看護、訪問ﾘﾊﾋﾞﾘﾃｰｼｮﾝ、通所介護、地域密着型通所介護、療養通所介護、認知症対応型通所介護、通所ﾘﾊﾋﾞﾘﾃｰｼｮﾝ、短期入所生活介護、短期入所療養生活介護、小規模多機能型居宅介護、看護小規模多機能居宅介護、特定施設入居者生活介護、地域密着型特定施設入居者生活介護、認知症対応型共同生活介護、介護老人福祉施設、地域密着型介護老人福祉施設入所者生活介護、介護老人保健施設、介護療養型医療施設、介護医療院】

　サービス提供体制強化加算について、サービスの質の向上や職員のキャリアアップを一層推進する観点から、財政中立を念頭に、以下の見直しを行う。【告示改正】

ア　介護福祉士の割合や介護職員の勤続年数が上昇・延伸していることを踏まえ、各サービス（訪問看護及び訪問ﾘﾊﾋﾞﾘﾃｰｼｮﾝを除く）について、より介護福祉士の割合が高い、又は勤続年数が10年以上の介護福祉士の割合が一定以上の事業者を評価する新たな区分を設ける。その際、同加算が質の高い介護サービスの提供を目指すものであることを踏まえ、当該区分の算定にあたり、施設系サービス及び介護付きホームについては、サービスの質の向上に繋がる取組の一つ以上の実施を求める。

イ　定期巡回型・随時対応型訪問介護看護、通所系サービス、短期入所系サービス、多機能系サービス、居住系サービス、施設系サービスについて、勤続年数要件について、より長い勤続年数の設定に見直すとともに、介護福祉士割合要件の下位区分、常勤職員割合要件による区分、勤続年数要件による区分を統合し、いずれかを満たすことを求める新たな区分を設定する。

ウ　夜間対応型訪問介護及び訪問入浴介護について、他のサービスと同様に、介護福祉士の割合に係る要件に加えて、勤続年数が一定期間以上の職員の割合に係る要件を設定し、いずれかを満たすことを求めることとする。

エ　訪問看護及び訪問ﾘﾊﾋﾞﾘﾃｰｼｮﾝについて、現行の勤続年数要件の区分に加えて、より長い勤続年数で設定した要件による**新たな区分を設ける**。

【単位数】　　　　　　　　　　　　　　　　　　　　　（単位：単位／日）

	改定前	改定後	増減
~~サービス提供体制強化加算~~	6	×	▲6
サービス提供体制強化加算（Ⅰ）	×	6	+6
サービス提供体制強化加算（Ⅱ）	×	3	+3

※介護予防は省略。

【算定要件】

○サービス提供体制強化加算（Ⅰ）

ア　勤続7年以上の者が30％以上

○サービス提供体制強化加算（Ⅱ）

ア　勤続3年以上の者が30％以上

⑤ 訪問看護の機能強化【変更】

【関係するサービス：訪問看護】

　訪問看護の機能強化を図る観点から、理学療法士等（理学療法士・作業療法士・言語聴覚士）によるサービス提供の状況や他の介護サービス等との役割分担も踏まえて、理学療法士等が行う訪問看護及び介護予防訪問看護について、評価や提供回数等の見直しを行う。【告示改正】

※理学療法士等…理学療法士、作業療法士、言語聴覚士

【単位数】　　　　　　　　　　　　　　　　　　　　　　　　　　（単位：単位／回）

		改定前	改定後	増減
訪問看護	理学療法士等による訪問	297	293	▲4
介護予防訪問看護	理学療法士等による訪問	287	283	▲4
	理学療法士等が1日に2回を超えて指定介護予防訪問看護を行った場合	▲10％ （1回につき）	▲50％ （1回につき）	▲40％

※理学療法士等が利用開始日の属する月から12月超の利用者に指定介護予防訪問看護を行った場合は、1回につき5単位を減算する。【新設】

【算定要件】

ア　理学療法士等が訪問看護については、その実施した内容を訪問看護報告書に添付する。

イ　対象者の範囲について、理学療法士等が行う訪問看護については、訪問

リハビリテーションと同様に「通所リハビリテーションでは家屋内における ADL の自立が困難である場合」を追加する。

通知関係 ‖‖‖

○指定居宅サービス等及び指定介護予防サービス等に関する基準について（平成11年9月17日 老企第25号）

第3 介護サービス 三 訪問看護

3 運営に関する基準

（5）訪問看護計画書及び訪問看護報告書の作成

①～⑦（省略）

⑧理学療法士、作業療法士又は言語聴覚士が指定訪問看護を提供している利用者については、訪問看護計画書及び訪問看護報告書は、看護職員（准看護師を除く。）と理学療法士、作業療法士若しくは言語聴覚士が連携し作成すること。具体的には、訪問看護計画書には、理学療法士、作業療法士又は言語聴覚士が提供するものも含め訪問看護の内容を一体的に記載するとともに、訪問看護報告書には訪問日や主な内容を記載することに加え、理学療法士、作業療法士又は言語聴覚士が提供した指定訪問看護の内容とその結果等を記載した文書を添付すること。

‖‖

○指定居宅サービスに要する費用の額の算定に関する基準（訪問通所サービス、居宅療養管理指導及び福祉用具貸与に係る部分）及び指定居宅介護支援に要する費用の額の算定に関する基準の制定に伴う実施上の留意事項について（平成12年3月1日 老企第36号）

第2 居宅サービス単位表（訪問介護費から通所リハビリテーション費まで及び福祉用具貸与費に係る部分に限る。）に関する事項

4 訪問看護費

（4）理学療法士、作業療法士又は言語聴覚士の訪問について

①、②（省略）

③理学療法士、作業療法士又は言語聴覚士による訪問看護は、1日2回を超えて（3回以上）行う場合には1回につき所定単位数の100分の90に相当

する単位数を算定する。なお、当該取扱いは、理学療法士、作業療法士又は言語聴覚士が連続して3回以上訪問看護を行った場合だけでなく、例えば午前中に2回、午後に1回行った場合も、同様である。

　　例　1日の訪問看護が3回以上である場合の訪問看護費

　　　　1回の単位数×（90/100）×3回

④理学療法士、作業療法士又は言語聴覚士が訪問看護を提供している利用者については、（省略）～また、主治医に提出する計画書は理学療法士、作業療法士又は言語聴覚士が実施した内容も一体的に記載するものとし、報告書には、理学療法士、作業療法士又は言語聴覚士が提供した訪問看護の内容とその結果等を記載した文書を添付すること。

⑤～⑦（省略）

⑥ サービス付き高齢者向け住宅等における適正なサービス提供の確保【新規】

→「居宅介護支援」⑦を参照のこと。

「経過期間2年間」の意味とは？

　今回、介護報酬改定において「訪問看護」では、看護体制強化加算の見直しが行われました。この加算の算定要件のうち、「～指定（介護予防）訪問看護の提供にあたる従業員に占める看護職員の割合を6割以上とする要件を新たに設ける。その際、2年の経過措置期間を設ける。」という項目が定められました。

　私は、この要件が定められた理由には2つの理由が存在しているものと考えています。一つ目は、「訪問看護事業所でありながら理学療法士等が多く所属し、実態として訪問ﾘﾊﾋﾞﾘﾃｰｼｮﾝとの差異が何であるのか」という点、そして二つ目は、一部の訪問看護事業所の顧客は、要介護1、2を中心とした「軽介護者」が多く、地域包括ケアシステムの中で、厚生労働省が求める「訪問看護事業所の運営すべき方向性」と当該事業者の考え方にズレが生じていることから、このような算定要件が定められたものと考えています。

　そして、この項目に定める体制を構築するのに「経過期間2年間」が定められていますが、そのメッセージを皆さんはどのように理解しているでしょうか。本来、こういった体制の変更を伴うような項目の変更では、準備期間を考慮し、「経過期間3年間」という場合が多いのではないでしょうか。

　このような取扱いとなった理由は、実は私は「介護報酬改定は3年に1回であるため、次回の介護報酬改定で本件を議論させないことである」と受け取りました。

　このように、介護報酬改定の際、現時点の事象（介護報酬単位数・算定要件）のみを追うのではなく、過去からの流れや経過を追うことにより、「なぜ、このようになったのか」を考えるクセをつけると、介護事業所の経営者として、皆さんの経営能力が、より上がるものと思います。

3　訪問リハビリテーション

（基本報酬）

① 基本報酬【変更】※予防含

【関係するサービス：訪問リハビリテーション】

　医師の指示の内容を明確化して、評価するとともに、明確化する内容を考慮しながら、直近の介護事業経営実態調査の結果も踏まえて基本報酬を見直す。

【単位数】　　　　　　　　　　　　　　　　　　　　　　　　　（単位：単位／回）

		改定前	改定後	増減
訪問リハビリテーション		292	307	+15
（介護予防）	介護予防訪問リハビリテーション	292	307	+15

通知・Q & A 関係 ∷∷

○指定居宅サービス等及び指定介護予防サービス等に関する基準について（平成11年9月17日 老企第25号）

第3　介護サービス　四　訪問リハビリテーション

3　運営に関する基準

（2）指定訪問リハビリテーションの基本取扱方針及び具体的取扱方針（居宅基準第79条及び80条）

①（省略）

②指定訪問リハビリテーション事業所の医師が、指定訪問リハビリテーションの実施にあたり、当該事業所の理学療法士、作業療法士又は言語聴覚士に対し、利用者に対する当該リハビリテーションの目的に加えて、当該リハビリテーション開始前又は実施中の留意事項、やむを得ず当該リハビリテーションを中止する際の基準、当該リハビリテーションにおける利用者に対する負荷等の指示を行うこと。

③～⑥（省略）

⑦指定訪問リハビリテーション事業所の理学療法士、作業療法士又は言語聴覚士が、介護支援専門員を通じて、指定訪問介護の事業その他の指定居宅サービスに

該当する事業に係る従業員に対し、リハビリテーションの観点から、日常生活上の留意点、介護の工夫などの情報を伝達していること。

⑧〜リハビリテーション会議は、テレビ電話装置等を活用して行うことができるものとする。だだし、利用者又はその家族（以下「利用者等」という。）が参加する場合にあっては、テレビ装置等の活用について当該利用者等の同意を得なければならない。なお、テレビ電話装置の活用にあたっては、個人情報保護委員会・厚生労働省「医療・介護関係事業者における個人情報の適切な取扱いのためのガイダンス」、厚生労働省「医療情報システムの安全管理に関するガイドライン」等を遵守すること。

○指定居宅サービスに要する費用の額の算定に関する基準（訪問通所サービス、居宅療養管理指導及び福祉用具貸与に係る部分）及び指定居宅介護支援に要する費用の額の算定に関する基準の制定に伴う実施上の留意事項について（平成12年3月1日 老企第36号）

第2　居宅サービス単位表（訪問介護費から通所リハビリテーション費まで及び福祉用具貸与費に係る部分に限る。）に関する事項

5　訪問リハビリテーション費

（1）算定の基準について

①（省略）

②指定訪問リハビリテーション事業所の医師が、指定訪問リハビリテーションの実施にあたり当該事業所の理学療法士、作業療法士又は言語聴覚士に対し、当該リハビリテーションの目的に加えて、当該リハビリテーション開始前又は実施中の留意事項、やむを得ず当該リハビリテーションを中止する際の基準、当該リハビリテーションにおける利用者に対する負荷等のうちいずれか1以上の指示を行う。

③②における指示を行った医師又は当該指示を受けた理学療法士、作業療法士若しくは言語聴覚士が、当該指示に基づき行った内容を明確に記録する。

④指定訪問リハビリテーションは、指定訪問リハビリテーション事業所の医師の診療に基づき、訪問リハビリテーション計画を作成し、実施することが原則であるが、医療保険の脳血管疾患等リハビリテーション料、廃用症候群リハビリテーション料又は運動器リハビリテーシ

ョン料を算定すべきリハビリテーションを受けていた患者が、介護保険の指定訪問リハビリテーションへ移行する際に、「リハビリテーション・個別機能訓練、栄養管理及び口腔管理の実施に関する基本的な考え方並びに事務手順及び様式例の提示について」（令和3年3月16日老認発0316第3号、老老発0316第2号）の別紙様式2-2-1をもって、保険医療機関から当該事業所が情報提供を受け、当該事業所の医師が利用者を診察するとともに、別紙様式2-2-1に記載された内容について確認し、指定訪問リハビリテーションの提供を開始しても差し支えないと判断した場合には、例外として、別紙様式2-2-1をリハビリテーション計画書とみなして訪問リハビリテーション費の算定を開始してもよいこととする。

　なお、その場合であっても、算定開始の日が属する月から起算して3月以内に、当該事業所の医師の診療に基づいて、次回の（介護予防）訪問リハ計画を作成する。

コメント　この項目が前回の介護報酬改定では「リハビリテーションマネジメント加算等に関する基本的な考え方並びに～」（平成30年3月22日老老発0322第2号）であった。これも科学的介護に関する考え方が色濃く反映されている証拠。

⑤訪問リハビリテーション計画の進捗状況を定期的に評価し、必要に応じて当該計画を見直す。初回の評価は、訪問リハビリテーション計画に基づくリハビリテーションの提供開始から概ね2週間以内にその後は概ね3月ごとに評価を行う。

⑥指定訪問リハビリテーション事業所の医師が利用者に対して3月以上の指定訪問リハビリテーションの継続利用が必要と判断する場合には、リハビリテーション計画書に指定訪問リハビリテーションの継続利用が必要な理由、具体的な終了目安となる時期、その他指定居宅サービスの併用と移行の見通しを記載する。

⑦指定訪問リハビリテーションは、利用者又はその家族等利用者の看護にあたる者に対して、1回あたり20分以上指導を行った場合に、1週に6回を限度として算定する。ただし、退院（所）の日から起算して3月以内に、医師の指示

に基づきリハビリテーションを行う場合は、週12回まで算定可能である。

⑧（省略）

⑨指定訪問リハビリテーション事業所の理学療法士、作業療法士又は言語聴覚士が、介護支援専門員を通じて、指定訪問介護の事業その他の指導居宅サービスに該当する事業に係る従業員に対し、リハビリテーションの観点から、日常生活上の留意点、介護の工夫などの情報を伝達する。

⑩、⑪（省略）

||||||||||||||||||||||||||||||||||||||||||||||||||||||||||||||||||||||||||||||||||||||||||||||||||||||||||||||||||||||||

○「令和3年度介護報酬改定に関するQ＆A（Vol.2）（令和3年3月23日）」

○リハビリテーション計画書

問22　報酬告示又は予防報酬告示の留意事項通知において、医療保険から介護保険のリハに移行する者の情報提供に当たっては「リハマネ加算等に関する基本的な考え方並びにリハ計画書等の事務処理手順及び様式例の提示について」（令和3年3月16日老老発0316第3号）の別紙様式2-2-1を用いることとされている。別紙様式2-2-1はBarthel Indexが用いられているが、情報提供をする医師と情報提供を受ける医師との間で合意している場合には、FIM（Functional Independence Measure）を用いて評価してもよいか。

（答）　・医療保険から介護保険のリハに移行する者の情報提供に当たっては別紙様式2-1を用いる必要があるが、Barthel Indexの代替としてFIMを用いる場合に限り変更を認める。

　　　　・なお、様式の変更に当たっては、本件のように情報提供をする医師と情報提供を受ける医師との間で事前の合意があることが必要である。

② リハビリテーション・機能訓練、口腔、栄養の一体的な推進【新規】

【関係するサービス：訪問リハビリテーション、通所介護、地域密着型通所介護、療養通所介護、認知症対応型通所介護、通所リハビリテーション、短期入所生活介護、短

期入所療養生活介護、小規模多機能型居宅介護、看護小規模多機能居宅介護、特定施設入居者生活介護、地域密着型特定施設入居者生活介護、認知症対応型共同生活介護、介護老人福祉施設、地域密着型介護老人福祉施設入所者生活介護、介護老人保健施設、介護療養型医療施設、介護医療院】

　リハビリテーション・機能訓練、口腔、栄養の取組を一体的に運用し、自立支援・重度化防止を効果的に進める観点から、以下の見直しを行う。【通知改正】

ア　リハビリテーション・機能訓練、口腔、栄養に関する加算等の算定要件とされている計画作成や会議について、リハビリテーション専門職、管理栄養士、歯科衛生士が必要に応じて参加することを明確化する。

イ　リハビリテーション・機能訓練、口腔、栄養に関する各種計画書（リハビリテーション計画書、栄養ケア計画書、口腔機能向上サービスの管理指導計画・実施記録）について、重複する記載項目を整理するとともに、それぞれの実施計画を一体的に記入できる様式を設ける。

　　→以下、各種計画書について、重複する記載項目を整理するとともに、それぞれの実施計画を一体的に記入できる様式も作成。

　　　・リハビリテーション計画書

　　　・栄養ケア計画書

　　　・口腔機能向上サービス管理指導計画・実施記録

③ リハビリテーションマネジメント加算の見直し【変更・新規】

【関係するサービス：訪問リハビリテーション、通所リハビリテーション】

　自立支援・重度化防止に向けた更なる質の高い取組を促す観点から、リハビリテーションマネジメント加算について、以下の見直しを行う。【通知改正・告示改正】

ア　報酬体系の簡素化と事務負担軽減の観点から、算定率の高いリハビリテーションマネジメント加算（Ⅰ）及び介護予防訪問・通所リハビリテーションのリハビリテーションマネジメ

ント加算を廃止し、同加算の算定要件は基本報酬の算定要件とし、基本報
酬で評価を行う。【告示改正】

イ 訪問リハビリテーションにおける同加算と通所リハビリテーションの同加算の評価の整合
性を図る観点から、リハビリテーションマネジメント加算（Ⅱ）及び（Ⅲ）の評価の見直
しを行う。【告示改正】

ウ 令和３年度からのLIFEの一体的な運用に伴い、リハビリテーションマネジメント加算
（Ⅳ）を廃止するとともに、定期的なリハビリテーション会議によるリハビリテーション計
画の見直しが要件とされているリハビリテーションマネジメント加算（Ⅱ）及び（Ⅲ）そ
れぞれにおいて、事業所がLIFEへのデータを提出しフィードバックを受
け、PDCAサイクルを推進することを評価する【告示改正】

エ LIFEへの利用者情報の入力負担の軽減及びフィードバックに適する
データを優先的に収集する観点から、リハビリテーション実施計画書の項目につ
いて、LIFEにデータ提供する場合の必須項目と任意項目を定める。【通知
改正】

オ リハビリテーションマネジメント加算の算定要件の一つである「定期的な会議の開催」
について、利用者の了解を得たうえで、テレビ会議等の対面を伴わない
方法により開催することを可能とする。【通知改正】

【単位数】 （単位：単位／月）

	改定前	改定後	増減
~~リハビリテーションマネジメント加算（Ⅰ）~~	230	×	▲230
~~リハビリテーションマネジメント加算（Ⅱ）~~	280	×	▲280
リハビリテーションマネジメント加算（A）イ	×	180	+180
リハビリテーションマネジメント加算（A）ロ	×	213	+213
~~リハビリテーションマネジメント加算（Ⅲ）~~	320	×	▲320
リハビリテーションマネジメント加算（B）イ	×	450	+450
~~リハビリテーションマネジメント加算（Ⅳ）~~	420	×	▲420
リハビリテーションマネジメント加算（B）ロ	×	483	+483
（介護予防） ~~リハビリテーションマネジメント加算~~	230	×	▲230

【算定要件】

○ ﾘﾊﾋﾞﾘﾃｰｼｮﾝﾏﾈｼﾞﾒﾝﾄ加算（A）イ

> 改定前の加算（Ⅱ）と同様の要件

①医師はﾘﾊﾋﾞﾘﾃｰｼｮﾝ実施にあたり詳細な指示を行う。さらに医師の指示内容を記録すること。

②ﾘﾊﾋﾞﾘﾃｰｼｮﾝ会議（ﾃﾚﾋﾞ会議可）を開催し、利用者の状況等を構成員と共有し、会議内容を記録すること。

③3月に1回以上、ﾘﾊﾋﾞﾘﾃｰｼｮﾝ会議を開催し、利用者の状態の変化に応じ、ﾘﾊﾋﾞﾘﾃｰｼｮﾝ計画書を見直すこと。

④PT、OT又はSTが介護支援専門員に対し、利用者の有する能力、自立のために必要な支援方法及び日常生活上の留意点に関する情報提供を行うこと。

⑤PT、OT又はSTが（指定居宅ｻｰﾋﾞｽ従業員と）利用者の居宅を訪問し、その家族（当該従業員）に対し、介護の工夫に関する指導及び日常生活上の留意点に関する助言を行うこと。

⑥ﾘﾊﾋﾞﾘﾃｰｼｮﾝ計画について、計画作成に関与したPT、OT又はSTが説明し、同意を得るとともに、医師へ報告すること。

⑦上記に適合することを確認し、記録すること。

○ ﾘﾊﾋﾞﾘﾃｰｼｮﾝﾏﾈｼﾞﾒﾝﾄ加算（A）ロ

> 改定前の加算（Ⅱ）と同様の要件に2項目追加

・加算（A）イの①～⑦の全ての要件に適合すること。

・利用者ごとの訪問ﾘﾊﾋﾞﾘﾃｰｼｮﾝ計画書等の内容等の情報を厚生労働省に提出し、ﾘﾊﾋﾞﾘﾃｰｼｮﾝの提供にあたって、当該情報その他ﾘﾊﾋﾞﾘﾃｰｼｮﾝの適切かつ有効な実施のために必要な情報を活用していること（LIFEへのデータ提出とフィードバックの活用）。

○ ﾘﾊﾋﾞﾘﾃｰｼｮﾝﾏﾈｼﾞﾒﾝﾄ加算 (B) イ

改定前の加算 (Ⅲ) と同様の要件！

・加算 (A) イの①～⑤の要件に適合すること。

・ﾘﾊﾋﾞﾘﾃｰｼｮﾝ計画について、医師が利用者又は家族に対して説明し、同意を得ること。

・上記に適合することを確認し、記録すること。

○ ﾘﾊﾋﾞﾘﾃｰｼｮﾝﾏﾈｼﾞﾒﾝﾄ加算 (B) ロ

改定前の加算 (Ⅳ) と同様の要件！

・加算 (B) イの要件に適合すること。

・利用者ごとの訪問ﾘﾊﾋﾞﾘﾃｰｼｮﾝ計画書等の内容等の情報を厚生労働省に提出し、ﾘﾊﾋﾞﾘﾃｰｼｮﾝの提供にあたって、当該情報その他ﾘﾊﾋﾞﾘﾃｰｼｮﾝの適切かつ有効な実施のために必要な情報を活用していること (LIFEへのデータ提出とフィードバックの活用)。

○ (介護予防) ﾘﾊﾋﾞﾘﾃｰｼｮﾝﾏﾈｼﾞﾒﾝﾄ加算

　・廃止

・LIFEへのデータ提供の内容について (加算 (A) ロ・加算 (B) ロ)

　LIFEへの入力負担の軽減及びフィードバックにより適するデータを優先的に収集する観点から、ﾘﾊﾋﾞﾘﾃｰｼｮﾝ計画書の項目について、データ提出する場合の必須項目と任意項目を設定。

・ﾘﾊﾋﾞﾘﾃｰｼｮﾝ会議の開催について

　ﾘﾊﾋﾞﾘﾃｰｼｮﾝﾏﾈｼﾞﾒﾝﾄ加算の算定要件の一つである「定期的な会議の開催」について、利用者の了解を得たうえで、テレビ会議等の対面を伴わない方法により開催することを可能とする。

通知参照 ⫶⫶

○指定居宅サービスに要する費用の額の算定に関する基準（訪問通所サービス、居宅療養管理指導及び福祉用具貸与に係る部分）及び指定居宅介護支援に要する費用の額の算定に関する基準の制定に伴う実施上の留意事項について（平成12年3月1日 老企第36号）

第2 居宅サービス単位表（訪問介護費から通所リハビリテーション費まで及び福祉用具貸与費に係る部分に限る。）に関する事項

5 訪問リハビリテーション費

（8）リハビリテーションマネジメント加算について

①～③（省略）

④大臣基準第12号ロ（2）及びニ（2）に規定する厚生労働省への情報の提出については、「科学的介護情報システム」（以下「LIFE」という。）を用いて行うこととする。LIFEへの提出情報、提出頻度等については、「科学的介護情報システム（LIFE）関連加算に関する基本的考え方並びに事務処理手順及び様式例の提示について」（令和3年3月16日老老発0316第4号）を参照されたい。

　サービスの質の向上を図るため、LIFEへの提供情報及びフィードバック情報を活用し、SPDCAサイクルにより、サービスの質の管理を行うこと。

　提出された情報については、国民の健康の保持増進及びその有する能力の維持向上に資するため、適宜活用されるものである。

> 加算項目に「LIFE」を用いる算定要件が含まれる場合、当該項目が含まれる。

⫶⫶⫶

○「令和3年度介護報酬改定に関するQ＆A（Vol.2）（令和3年3月23日）」

○リハビリテーションマネジメント加算

問3　リハビリテーションマネジメント加算（A）（B）における理学療法士、作業療法士又は言語聴覚士による訪問時間は人員基準の算定外となるか。

（答）　訪問時間は、通所リハビリテーション、病院、診療所及び介護老人保健施設、介

護医療院の人員基準の算定に含めない。

○リハビリテーションマネジメント加算

問4　一事業所が、利用者によってリハビリテーションマネジメント加算（A）イ又はロ若し
　　　くは（B）イ又はロを取得するということは可能か。

（答）　利用者の状態に応じて、一事業所の利用者ごとにリハビリテーションマネジメント加
　　　算（A）イ又はロ若しくは（B）イ又はロを取得することは可能である。

○「令和3年度介護報酬改定に関するQ＆A（Vol.5）（令和3年4月9日）」

○科学的介護推進体制加算について

問4　LIFEに提出すべき情報は「科学的介護情報システム（LIFE）」関連加算
　　　に関する基本的考え方並びに事務処理手順及び様式例の提示につい
　　　て」（令和3年3月16日老老発0316第4号）の各加算の様式例におい
　　　て示されるが、利用者又は入所者の評価等にあたっては、当該様式例
　　　を必ず用いる必要があるのか。

（答）　「科学的介護情報システム（LIFE）」関連加算に関する基本的考え方並
　　　びに事務処理手順及び様式例の提示について」（令和3年3月16日老
　　　老0316第4号）において示しているとおり、評価等が算定要件におい
　　　て求められるものについては、それぞれの加算で求められる項目（様
　　　式で定められた項目）についての評価等が必要である。
　　　　　ただし、同通知はあくまでもLIFEへの提出項目を示したものであ
　　　り、利用者又は入所者の評価等において各加算における様式と同一の
　　　ものを用いることを求めるものではない。

「科学的介護」ではデータを収集して個人・事業所間の比較を行い、これ
を「定量分析」として介護に生かして行こうという趣旨。当然、この提出
したデータの項目が異なってしまったら、そもそも比較ができない！

④ 退院退所直後のリハビリテーションの充実【変更】

【関係するサービス：訪問リハビリテーション】

　1週に6回を限度として算定が認められている訪問リハビリテーションについて、退院・退所直後のリハビリテーションの充実を図る観点から、退院・退所日から3月以内は週12回まで算定可能とする。【通知改正】

【算定要件】

　退院の日から起算して3月以内に利用者に対し、医師の指示に基づき継続してリハビリテーションを行う場合は、週12回まで起算できる。

⑤ 社会参加支援加算の見直し【変更】※予防除

【関係するサービス：訪問リハビリテーション、通所リハビリテーション】

　社会参加支援加算について、算定要件である「社会参加への移行状況」の達成状況等を踏まえ、利用者に対する適時・適切なリハビリテーションの提供を一層促進する観点から、以下の見直しを行う。【告示改正】

ア　算定要件である、社会参加への移行状況の計算式と、リハビリテーションの利用回転率について、実情に応じて見直す。

イ　リハビリテーションの提供終了後、一定期間内に居宅訪問等により社会参加への移行が3月以上継続する見込みであることを確認する算定要件について、提供終了後1月後の移行の状況を電話等で確認することに変更する。また、移行を円滑に進める観点から、リハビリテーション計画書を移行先の事業所に提供することを算定要件に加える。

ウ　加算の趣旨や内容を踏まえて、加算の名称を「移行支援加算」とする。

【単位数】
（単位：単位／月）

	改定前	改定後	増減
社会参加支援加算	17	×	▲17
移行支援加算	×	17	+17

【算定要件】※変更なし

ア　評価対象期間において訪問リハ終了者のうち、指定通所介護、指定通所リハ、指定地域密着型通所介護が、5/100を超えていること。

イ　リハビリテーションの利用回転率（12月／平均利用延月数≧25％）であること。

ウ　評価対象期間中に指定訪問リハの提供を終了した日から起算して14日以降44日以内に、リハビリテーション終了者に対して、電話等により、指定通所介護等の実施状況を確認し、記録すること。

エ　リハビリテーション終了者が指定通所介護等の事業所へ移行するにあたり、当該利用者のリハビリテーション計画書を移行先の事業所に提供すること。

通知・Q & A関係

○指定居宅サービスに要する費用の額の算定に関する基準（訪問通所サービス、居宅療養管理指導及び福祉用具貸与に係る部分）及び指定居宅介護支援に要する費用の額の算定に関する基準の制定に伴う実施上の留意事項について（平成12年3月1日 老企第36号）

第2　居宅サービス単位表（訪問介護費から通所リハビリテーション費まで及び福祉用具貸与費に係る部分に限る。）に関する事項

5　訪問リハビリテーション費

（11）移行支援加算について

①〜④（省略）

⑤「指定通所介護の実施」状況の確認にあたっては、指定訪問リハビリテーション事業所の理学療法士、作業療法士又は言語聴覚士が、訪問リハビリテーション計画書のアセスメント項目を活用しながら、リハビリテーションの提供を終了した時と比較して、ADL及びIADLが維持又は改善していることを確認すること。なお、電話等での実施を含め確認の手法は問わないこと。

⑥「当該利用者のリハビリテーション計画書を移行先の事業所へ提供」については、利用者の円滑な移行を推進するため、指定訪問リハビリテーション終了者が指定通所介護、指定通所リハビリテーション、指定地域密着型通所介護、指定認知症対応型通所介護、指定小規模多機能型通所介護、指定看護小規模多機能型居宅介護、指定介護予防通所リハビリテーション、指定介護予防認知症対応型通所介護又は指定介護予防小規模多機能型居宅介護の事業所へ移行する際に、「リハビリテーションマネジメント加算等に関する基本的な考え方並びにリハビリテーション計画書等の事務処理手順及び様式例の提示について」（平成30年3月22日老老発0322第2号）の別紙様式2-1及び2-2のリハビリテーション計画書等の情報を利用者の同意のうえで指定通所介護、指定通所リハビリテーション、指定地域密着型通所介護、指定認知症対応型通所介護、指定小規模多機能型通所介護、指定看護小規模多機能型居宅介護、指定介護予防通所リハビリテーション、指定介護予防認知症対応型通所介護又は指定介護予防小規模多機能型居宅介護の事業所へ提供すること。

　なお、指定通所介護事業所等の事業所への情報提供に際しては、リハビリテーション計画書の全ての情報ではなく、「リハビリテーション・個別機能訓練、栄養管理及び口腔管理の実施に関する基本的な考え方並びに事務処理手順及び様式例の提示について」に示す別紙様式2-2-1及び2-2-2の本人希望、家族の希望、健康状態・経過、リハビリテーションの目標、リハビリテーションサービス等の情報を抜粋し、提供することで差し支えない。

⑥ リハビリテーション計画書と個別機能訓練計画書の書式の見直し【変更】

【関係するサービス：訪問リハビリテーション、通所介護、地域密着型通所介護、通所リハビリテーション、短期入所生活介護】

　業務効率化の観点から、リハビリテーション計画書と個別機能訓練計画書の項目を共通化を行うとともに、リハビリテーション計画書の固有の項目について、整理簡素化を図る。

【算定要件】

ア　リハビリテーション計画書及び個別機能訓練計画書の様式を見直す。【様式の共通化】・【整理】

> 今回の介護報酬改定では、「業務の効率化」の観点から、「様式の共通化」や「整理」が行われている一つの典型例です。

⑦ サービス提供体制強化加算の見直し【変更】

【関係するサービス：定期巡回・随時対応型訪問介護看護、夜間対応型訪問介護、訪問入浴介護、訪問看護、訪問リハビリテーション、通所介護、地域密着型通所介護、療養通所介護、認知症対応型通所介護、通所リハビリテーション、短期入所生活介護、短期入所療養生活介護、小規模多機能型居宅介護、看護小規模多機能居宅介護、特定施設入居者生活介護、地域密着型特定施設入居者生活介護、認知症対応型共同生活介護、介護老人福祉施設、地域密着型介護老人福祉施設入所者生活介護、介護老人保健施設、介護療養型医療施設、介護医療院】

　サービス提供体制強化加算について、サービスの質の向上や職員のキャリアアップを一層推進する観点から、財政中立を念頭に、以下の見直しを行う。【告示改正】

ア　介護福祉士の割合や介護職員の勤続年数が上昇・延伸していることを踏まえ、各サービス（訪問看護及び訪問リハビリテーションを除く）について、より介護福祉士の割合が高い、又は勤続年数が10年以上の介護福祉士の割合が一定以上の事業者を評価する**新たな区分を設ける**。その際、同加算が質の高い介護サービスの提供を目指すものであることを踏まえ、当該区分の算定にあたり、施設系サービス及び介護付きホームについては、サービスの質の向上に繋がる取組の一つ以上の実施を求める。

イ 定期巡回型・随時対応型訪問介護看護、通所系サービス、短期入所系サービス、多機能系サービス、居住系サービス、施設系サービスについて、勤続年数要件について、より長い勤続年数の設定に見直すとともに、介護福祉士割合要件の下位区分、常勤職員割合要件による区分、勤続年数要件による区分を統合し、いずれかを満たすことを求める**新たな区分を設定する**。

ウ 夜間対応型訪問介護及び訪問入浴介護について、他のサービスと同様に、介護福祉士の割合に係る要件に加えて、勤続年数が一定期間以上の職員の割合に係る要件を設定し、**いずれかを満たすことを求める**こととする。

エ 訪問看護及び訪問ﾘﾊﾋﾞﾘﾃｰｼｮﾝについて、現行の勤続年数要件の区分に加えて、より長い勤続年数で設定した要件による**新たな区分を設ける**。

【単位数】　　　　　　　　　　　　　　　　　　　　　　　　　（単位：単位／日）

	改定前	改定後	増減
サービス提供体制強化加算	6	×	▲6
サービス提供体制強化加算（Ⅰ）	×	6	+6
サービス提供体制強化加算（Ⅱ）	×	3	+3

※介護予防は省略。

【算定要件】

○サービス提供体制強化加算（Ⅰ）

ア 勤続7年以上の者が1人以上

○サービス提供体制強化加算（Ⅱ）

ア 勤続3年以上の者が1人以上

○指定居宅サービスに要する費用の額の算定に関する基準（訪問通所サービス、居宅療養管理指導及び福祉
　用具貸与に係る部分）及び指定居宅介護支援に要する費用の額の算定に関する基準の制定に伴う実施上
　の留意事項について（平成12年3月1日 老企第36号）

第2　居宅サービス単位表（訪問介護費から通所リハビリテーション費まで及び福祉
用具貸与費に係る部分に限る。）に関する事項

5　訪問リハビリテーション費

（12）サービス提供体制強化加算について

①訪問入浴介護と同様であるので、3（9）⑥及び⑦を参照のこと。

②指定訪問リハビリテーションを利用者に直接提供する理学療法士、作業療法士及び
　言語聴覚士のうち、サービス提供体制強化加算（Ⅰ）にあっては勤続年数が
　7年以上の者が1名以上、サービス提供強化加算（Ⅱ）にあっては勤続年数
　が3年以上の者が1名以上いれば算定可能である。

⑧ 長期期間利用の介護予防リハビリテーションの適正化【新規】※予防のみ

【関係するサービス：介護予防訪問リハビリテーション、介護予防通所リハビリテーション】

　近年の受給者数や利用期間及び利用者のADL等を踏まえ、適切なサービス
提供とする観点から、介護予防サービスにおけるリハビリテーションについて、利用
期間から一定期間経過した後の評価の見直しを行う。【告示改正】

【単位数】　　　　　　　　　　　　　　　　　　　　　　　　　　　　　（単位：単位／回）

	改定前	改定後	増減
利用開始日の属する月から12月超 ※予防	×	▲5	▲5

⑨ 事業所医師が診察しない場合の減算（未実施減算）の強化【変更】

【関係するサービス：訪問リハビリテーション】

　訪問リハビリテーションについて、リハビリテーション計画の作成にあたって事業所医師が
診察せずに「適切な研修の修了等」をした事業所外の医師が診察等した場合

に適正化（減算）した単位数で評価を行う診察未実施減算について、事業所の医師の関与を進める観点から、以下の見直しを行う。

ア　事業所外の医師に求められる「適切な研修の修了等」について、令和 3 年
　　3 月 31 日までとされている適用猶予期間を 3 年間延長する。
イ　未実施減算の単位数の見直しを行う。

> 訪問看護における「看護体制強化加算の見直し」は、経過措置期間が「2 年
> 間」。反面、この未実施減算は、経過措置期間が「3 年間」である。
> →経過措置期間は通常「3 年間」が多い。

【単位数】　　　　　　　　　　　　　　　　　　　　　　　（単位：単位／回）

	改定前	改定後	増減
事業所の医師がリハビリテーション計画の作成に係る診療を行わなかった場合	▲20	▲50	▲30

【算定要件】

　事業所の医師がリハビリテーション計画の作成に係る診療を行わなかった場合には、例外として下記要件とし、訪問リハビリテーションを提供できることとする。

ア　指定（介護予防）訪問リハビリテーション事業所の利用者が当該事業所とは別の
　　医療機関の医師による計画的な医学的管理を受けている場合であって、
　　当該事業所の医師が、計画的な医学的管理を行っている医師から、当該
　　利用者に関する情報の提供を受けていること。
イ　当該計画的な医学的管理を行っている医師が適切な研修の修了等をして
　　いること。
ウ　当該情報の提供を受けた指定（介護予防）訪問リハビリテーション事業所の医師
　　が、当該情報を踏まえ、リハビリテーション計画を作成すること。

⑩ サービス付き高齢者向け住宅等における適正なサービス提供の確保【新規】

→「居宅介護支援」⑦を参照のこと。

4　居宅療養管理指導

① 基本方針を踏まえた居宅療養管理指導の実施と多職種連携の推進【新規】

【関係するサービス：居宅療養管理指導】

　居宅療養管理指導について、基本方針を踏まえ、利用者がその有する能力に応じ自立した日常生活を営むことができるよう、より適切なサービスを提供していく観点から、近年「かかりつけ医等が患者の社会生活面の課題にも目を向け、地域社会における様々な支援へと繋げる取組」を進める動きがあることも踏まえ、以下の見直しを行う。【省令改正・通知改正】

　「科学的介護」を推進するうえで、「多職種間の情報連携」によりPDCAサイクルを推進することが重要！

【基準・算定要件】

○以下の内容を通知に記載する。

ア　医師・歯科医師が居宅療養管理指導を行う際、必要に応じて、居宅要介護者の社会生活面の課題にも目を向け、地域社会における様々な支援へと繋がるよう留意し、また、関連する情報を介護支援専門員等に提供するよう努めることを明示する。

イ　薬剤師・歯科衛生士・管理栄養士が居宅療養管理指導を行う際には、必要に応じてこれらの支援に繋がる情報を把握し、また、関連する情報を医師・歯科医師に提供するよう努めることを明示する。【通知改正】

ウ　多職種間での情報共有促進の観点から、薬剤師の居宅療養管理指導の算

定要件とされている介護支援専門員等への情報提供について明確化する。

通知・Q＆A関係

○指定居宅サービスに要する費用の額の算定に関する基準（訪問通所サービス、居宅療養管理指導及び福祉用具貸与に係る部分）及び指定居宅介護支援に要する費用の額の算定に関する基準の制定に伴う実施上の留意事項について（平成12年3月1日 老企第36号）

第2　居宅サービス単位表（訪問介護費から通所リハビリテーション費まで及び福祉用具貸与費に係る部分に限る。）に関する事項

6　居宅療養管理指導費

（3）医師・歯科医師の居宅療養管理指導について

①算定内容

主治の医師及び歯科医師の～（省略）行うこととする。

また、必要に応じて利用者の社会生活面の課題にも目を向け、地域社会における様々な支援へと繋がるよう留意し、また、関連する情報については、ケアマネージャー等に提供するよう努めることとする。

②～⑤（省略）

（4）薬剤師が行う居宅療養管理指導について

①薬局薬剤師が行う居宅療養管理指導については、医師又は歯科医師の指示に基づき～（省略）行うこととする。

また、必要に応じて（3）①の社会生活面の課題にも目を向け、地域社会における様々な支援へと繋がる情報を把握し、関連する情報を指示を行った医師又は歯科医師に提供するよう努めることとする。

（5）管理栄養士の居宅療養管理指導について

⑧必要に応じて（3）①の社会生活面の課題にも目を向けた地域社会における様々な支援に繋がる情報を把握し、関連する情報を指示を行った医師に提供するよう努めること。

○以下の内容等を運営基準（省令）に規定する。

ア　薬剤師は、療養上適切な居宅サービスが提供されるために必要があると認める場合や、居宅介護支援事業所等から求めがあった場合は、居宅サービス計画の作成、居宅サービスの提供等に必要な情報提供又は助言を行う。

② 医師・歯科医師から介護支援専門員への情報提供の充実【新規】

【関係するサービス：居宅療養管理指導】

　医師・歯科医師による居宅療養管理指導について、医師・歯科医師から介護支援専門員に適時に必要な情報が提供され、ケアマネジメントに活用されるようにする観点から、算定要件である介護支援専門員への情報提供について、以下の新たな様式によることとする。

ア　医師による情報提供について、主治医意見書の様式を踏まえた新たな様式

イ　歯科医師による情報提供について、歯科疾患在宅療養管理料（医療）の様式を踏まえた新たな様式

ウ　これらの様式においては、居宅要介護者の社会生活面の課題にも目を向け、地域社会における様々な支援へ繋がるよう、関連の記載欄を設ける。

通知・Ｑ＆Ａ関係 ▮▮

○「令和3年度介護報酬改定に関するＱ＆Ａ（Vol.5）（令和3年4月9日）」

○医師又は歯科医師の指示

問3　居宅療養管理指導における医師又は歯科医師の指示は、どのような方法で行えばよいか。

（答）　指示を行うにあたっては、当該居宅療養管理指導に係る指示を行う医師又は歯科医師と同じ居宅療養管理指導事業所に勤務する者に指示する場合や緊急時等やむを得ない場合を除き、診療状況を示す文書、処

方箋等（メール、FAX等でも可）に、「要訪問」等、指示を行った旨がわかる内容及び指示期間（6月以内に限る。）を記載すること。ただし、指示期間については、1カ月以内（薬剤師への指示の場合は処方日数又は1カ月のうち長い方の期間以内）の指示を行う場合は記載不要であり、緊急等やむを得ない場合は後日指示期間を文書等により示すこと。

　なお、医師又は歯科医師の指示のない場合は算定できないことに留意すること。

③ 外部の管理栄養士による居宅療養管理指導の評価【新規】

【関係するサービス：居宅療養管理指導】

　管理栄養士による居宅療養管理指導について、居宅において栄養改善が必要な要介護高齢者が一定数いる中で、算定回数が極めて少ない現状を踏まえ、診療報酬の例も参考に、当該事業所以外（他の医療機関、介護保険施設、日本栄養士会若しくは都道府県栄養士会が設置し運営する「栄養ケア・ステーション」）の管理栄養士が実施する場合も算定可能とする。【告示改正・通知改正】

【単位数】
※単位数は省略。

【算定要件】
　当該事業所以外の他の医療機関、介護保険施設、日本栄養士会又は都道府県栄養士会が設置・運営する「栄養ケア・ステーション」と連携して、当該事業所以外の管理栄養士が居宅療養管理指導を実施した場合。
※介護保険施設は、常勤で1以上又は栄養マネジメント強化加算の算定要件の数を超えて管理栄養士を配置している施設に限る。

○指定居宅サービスに要する費用の額の算定に関する基準（訪問通所サービス、居宅療養管理指導及び福祉
　用具貸与に係る部分）及び指定居宅介護支援に要する費用の額の算定に関する基準の制定に伴う実施上
　の留意事項について（平成12年3月1日 老企第36号）

第2　居宅サービス単位表（訪問介護費から通所リハビリテーション費まで及び福祉
用具貸与費に係る部分に限る。）に関する事項

6　居宅療養管理指導費

（5）管理栄養士の居宅療養管理指導について

①（省略）

②居宅療養管理指導（Ⅰ）については、指定居宅療養管理指導事業所の管理栄
　養士が、計画的な医学的管理を行っている医師の指示に基づき、居宅療養
　管理指導を実施した場合に算定できる。なお、管理栄養士は常勤である必
　要はなく、要件に適合した指導が行われていれば算定できる。

③居宅療養管理指導（Ⅱ）については、指定居宅療養管理指導事業所の計画的
　な医学的管理を行っている医師の指示に基づき、当該指定居宅療養管理指
　導事業所以外の医療機関、介護保険施設（栄養マネジメント強化加算の算
　定要件として規定する員数を超えて管理栄養士を置いているもの又は常勤
　の管理栄養士を1名以上配置しているものに限る。）又は公益社団法人日
　本栄養士会若しくは都道府県栄養士会が運営する栄養ケア・ステーション
　との連携により確保した管理栄養士が居宅療養管理指導を実施した場合に、
　当該居宅療養管理指導事業所が算定できる。

　　なお、他の指定居宅療養管理指導事業所との連携により管理栄養士を確
　保し、居宅療養管理指導を実施する場合は、計画的な医学的管理を行ってい
　る医師が所属する指定居宅療養管理指導事業所が認めた場合は、管理栄養
　士が所属する指定居宅管理指導事業所が算定することができるものとする。

④（省略）

⑤居宅療養管理指導費（Ⅱ）を算定する場合、管理栄養士は、当該居宅療養管
　理指導に係る指示を行う医師との十分に連携を図り、判断が同一か否かに
　関わらず、医師から管理栄養士への指示は、居宅療養管理指導の一環とし

て行われるものであることかに留意が必要であること。

⑧必要に応じて、（3）①の社会生活面の課題にも目を向けた地域社会における様々な支援に繋がる情報を把握し、関連する情報の指示を行った医師に提供するよう努めること。

〰〰〰〰〰〰〰〰〰〰〰〰〰〰〰〰〰〰〰〰〰〰〰〰〰〰〰〰〰〰〰〰〰〰〰〰

○「令和3年度介護報酬改定に関するQ＆A（Vol.3）（令和3年3月26日）」

○管理栄養士による居宅療養管理指導、栄養アセスメント加算、栄養改善加算、栄養管理体制加算について

問15　外部との連携について、介護保険施設の場合は「栄養マネジメント強化加算の算定要件として規定する員数を超えて管理栄養士を置いているもの又は常勤の管理栄養士を1名以上配置しているものに限る。」とあるが、栄養マネジメント強化加算を算定せず、介護保険施設に常勤の管理栄養士が1名いる場合は、当該施設の管理栄養士が兼務できるのか。

（答）　入居者の処遇に支障がない場合には、兼務が可能である。ただし、人員基準において常勤の栄養士又は管理栄養士を1名以上配置することが求められる施設において、人員基準上置くべき員数である管理栄養士については、兼務することはできない。

④ 歯科衛生士等による居宅療養管理指導の充実【新規】

【関係するサービス：居宅療養管理指導】

　歯科衛生士等による居宅療養管理指導について、その充実を図る観点から、歯科衛生士等が居宅療養管理指導を行った場合の記録等の様式について、診療報酬における訪問歯科衛生指導料の記載内容を参考にした新たな様式による。【通知改正】

⑤ 薬剤師による情報通信機器を用いた服薬指導の評価【新規】

【関係するサービス：居宅療養管理指導】

　薬剤師による居宅療養管理指導について、診療報酬の例も踏まえて、新たに情報通信機器を用いた服薬指導の評価を創設する。その際、対面と組合わせて計画的に実施することとし、算定回数は現行の上限の範囲内で柔軟に設定する。【告示改正】

【単位数】 　　　　　　　　　　　　　　　　　　　　　　　　　（単位：単位／回）

	改定前	改定後	増減
居宅療養管理指導 （薬局の薬剤師が行う場合） 情報通信機器を用いた場合	×	45	+45

【算定要件】

ア　対象利用者

　　・在宅時医学総合管理料に規定する訪問診療の実施に伴い、処方箋が交付された利用者。

　　・居宅療養管理指導費が月１回算定されている利用者。

イ　薬事法施行規則及び関連通知に沿って実施すること。

ウ　訪問診療を行った医師に対して、情報通信機器を用いた服薬指導の結果について必要な情報提供を行うこと。

通知・Q＆A関係

○指定居宅サービスに要する費用の額の算定に関する基準（訪問通所サービス、居宅療養管理指導及び福祉用具貸与に係る部分）及び指定居宅介護支援に要する費用の額の算定に関する基準の制定に伴う実施上の留意事項について（平成12年3月1日 老企第36号）

（4）薬剤師が行う居宅療養管理指導について

⑯情報通信機器を用いた服薬指導

ア　医科診療報酬点数表の区分番号C002に掲げる在宅時医学総合管理料に規定する訪問診療の実施により処方箋が交付された利用者であって、居

宅療養管理指導費が月1回算定されているものに対して、情報通信機器を用いた服薬指導（居宅療養管理指導と同日に行う場合を除く。）を行った場合に、ハ注1の規定に関わらず、月1回に限り算定する。この場合において、ハの注3、注4、注5及び注6に規定する加算は算定できない。

イ　医薬品、医療機器等の品質、有効性及び安全性の確保等に関する法律施行規則及び関連通知に沿って実施すること。

ウ　情報機器を用いた服薬指導は、当該薬局内において行うこと。

エ　利用者の同意を得たうえで、対面による服薬指導と情報通信機器を用いた服薬指導とを組み合わせた服薬指導計画を作成し、当該計画に基づき情報通信機器を用いた服薬指導を実施すること。

オ　情報通信機器を用いた服薬指導を行う薬剤師は、原則として同一者であること。ただし、次のaとbをいずれも満たしている場合に限り、やむを得ない事由により同一の薬剤師が対応できないときに当該薬局に勤務する他の薬剤師が情報通信機器を用いた服薬指導を行っても差し支えない。

　　a 当該薬局も勤務する他の薬剤師（あらかじめ対面による服薬指導を実施したことがある2名までの薬剤師に限る。）の氏名を服薬指導計画に記載していること。

　　b 当該他の薬剤師が情報通信機器を用いた服薬指導を行うことについて、予め利用者の同意を得ていること。

カ　当該居宅療養管理指導の指示を行った医師に対して、情報通信機器を用いた服薬指導の結果について必要な情報提供を文書で行うこと。

キ　利用者の薬剤服薬歴を経時的に把握するため、原則として、手帳により薬剤服薬歴及び服薬中の医薬品等について確認すること。また、利用者が服薬中の医薬品等について、利用者を含めた関係者が一元的、継続的に確認できるよう必要な情報を手帳に添付又は記載すること。

ク　薬剤を利用者宅に配送する場合、その受領の確認を行うこと。

ケ　当該服薬指導を行う際の情報通信機器の運用に要する費用及び医薬品等

を利用者に配送する際に要する費用は、療養の給付と直接関係ないサービス等の費用として、社会通念上妥当な額の実費を別途徴収できる。

⑥ 居宅療養管理指導における通院が困難なものの取扱いの明確化【新規】

【関係するサービス：居宅療養管理指導】

　居宅療養管理指導について、在宅の利用者であって通院が困難なものに対して行うサービスであることを踏まえ、適切なサービスの提供を進める観点から、診療報酬の例を参考に、少なくとも独歩で家族・介助者等の助けを借りずに通院できる者などは、通院は容易であると考えられるため、これらの者については算定できないことを明確化する。【通知改正】

【算定要件】

ア　居宅療養管理指導は、定期的に訪問して管理・指導を行った場合の評価であり、継続的な管理・指導の必要ない者や通院が可能な者に対して安易に算定してはならず、例えば、少なくとも独歩で家族・介助者等の助けを借りずに通院できる者などは、通院は容易であると考えられるため、居宅療養管理指導費は算定できない。

通知・Q＆A関係 ＝＝＝＝＝＝＝＝＝＝＝＝＝＝＝＝＝＝＝＝＝＝＝＝＝＝＝＝＝＝＝＝＝＝＝＝＝

○指定居宅サービスに要する費用の額の算定に関する基準（訪問通所サービス、居宅療養管理指導及び福祉用具貸与に係る部分）及び指定居宅介護支援に要する費用の額の算定に関する基準の制定に伴う実施上の留意事項について（平成12年3月1日 老企第36号）

第2　居宅サービス単位表（訪問介護費から通所リハビリテーション費まで及び福祉用具貸与費に係る部分に限る。）に関する事項

6　居宅療養管理指導費

（1）「通院が困難な利用者」について

　居宅療養管理指導費は、在宅の利用者であって通院が困難なものに対して、定期的に訪問して指導等を行った場合の評価であり、継続的は指導等の必要

のないものや通院が可能なものに対して安易に算定してはならない。例えば、少なくとも独歩で家族・介助者等の助けを借りずに通院ができるものなどは、通院は容易であると考えられるため、居宅療養管理指導費は算定できない（やむを得ない事情がある場合を除く。）。

⑦ 居宅療養管理指導の居住場所に応じた評価の見直し【変更】

【関係するサービス：居宅療養管理指導】

　居宅療養管理指導について、サービス提供の状況や移動時間、滞在時間等の効率性を勘案し、より実態を踏まえた評価とする観点から、単一建物居住者の人数に応じた評価について見直しを行う。

ア　単一建物居住者　　1名

イ　単一建物居住者　　2名～9名

ウ　単一建物居住者　　10名以上

通知・Ｑ＆Ａ関係

○指定居宅サービスに要する費用の額の算定に関する基準（訪問通所サービス、居宅療養管理指導及び福祉用具貸与に係る部分）及び指定居宅介護支援に要する費用の額の算定に関する基準の制定に伴う実施上の留意事項について（平成12年3月1日 老企第36号）

第2　居宅サービス単位表（訪問介護費から通所ﾘﾊﾋﾞﾘﾃｰｼｮﾝ費まで及び福祉用具貸与費に係る部分に限る。）に関する事項

6　居宅療養管理指導費

（2）単一建物居住者の人数について ※抜粋

居宅療養管理指導の利用者が居住する建築物に居住する者のうち、同一月の利用者数を「単一建物居住者の人数」という。

単一建物居住者の人数は、同一月における以下の利用者の人数をいう。

ア　養護老人ホーム、経費老人ホーム、有料老人ホーム、サービス付き高齢者向け住宅、マンションなどの集合住宅等に入居又は入所している利用者

「同一建物居住者」…当該利用者と同一建物に居住する他の利用者に対して指定居宅療養管理指導事業所の医師等が同一日に訪問診療、往診又は指定居宅療養管理指導を行う場合の当該利用者。

「単一建物居住者」…当該利用者が居住する建築物に居住する者のうち、当該指定居宅療養管理指導事業所の医師等が、同一月に訪問診療、往診又は指定居宅療養管理指導を行う場合の当該利用者

●医師が行う場合

ア　指定訪問看護ステーションの場合

【単位数】　　　　　　　　　　　　　　　　　　　　　（単位：単位／回）

	改定前	改定後	増減
単一建物居住者（1人）	509	514	+5
単一建物居住者（2人～9人）	485	486	+1
単一建物居住者（10人以上）	444	445	+1

イ　居宅療養管理指導費（II）

※在宅医学総合管理料又は特定施設入居時等医学総合管理料を算定する場合

【単位数】　　　　　　　　　　　　　　　　　　　　　（単位：単位／回）

	改定前	改定後	増減
単一建物居住者（1人）	295	298	+3
単一建物居住者（2人～9人）	285	286	+1
単一建物居住者（10人以上）	261	259	▲2

●歯科医師が行う場合

【単位数】　　　　　　　　　　　　　　　　　　　　　　　（単位：単位／回）

	改定前	改定後	増減
単一建物居住者（1人）	509	516	+7
単一建物居住者（2人〜9人）	485	486	+1
単一建物居住者（10人以上）	444	440	▲4

●歯科衛生士が行う場合

【単位数】　　　　　　　　　　　　　　　　　　　　　　　（単位：単位／回）

	改定前	改定後	増減
単一建物居住者（1人）	356	361	+5
単一建物居住者（2人〜9人）	324	325	+1
単一建物居住者（10人以上）	296	294	▲2

●薬剤師が行う場合

ア　病院又は診療所の薬剤師

【単位数】　　　　　　　　　　　　　　　　　　　　　　　（単位：単位／回）

	改定前	改定後	増減
単一建物居住者（1人）	560	565	+5
単一建物居住者（2人〜9人）	415	416	+1
単一建物居住者（10人以上）	379	379	±0

イ　薬局の薬剤師

【単位数】　　　　　　　　　　　　　　　　　　　　　　　（単位：単位／回）

	改定前	改定後	増減
単一建物居住者（1人）	509	517	+8
単一建物居住者（2人〜9人）	377	378	+1
単一建物居住者（10人以上）	345	341	▲4

●管理栄養士が行う場合

ア　当該事業所の管理栄養士

【単位数】 （単位：単位／月）

	改定前	改定後	増減
単一建物居住者（1人）	539	544	+5
単一建物居住者（2人〜9人）	485	486	+1
単一建物居住者（10人以上）	444	443	▲1

イ　当該事業所以外の管理栄養士

【単位数】 （単位：単位／月）

	改定前	改定後	増減
単一建物居住者（1人）	×	524	+524
単一建物居住者（2人〜9人）	×	466	+466
単一建物居住者（10人以上）	×	423	+423

⑧ サービス付き高齢者向け住宅等における適正なサービス提供の確保【新規】

→「居宅介護支援」⑦を参照のこと。

今後の居宅サービスの「総量規制」の動向は？

　少し前の資料なのですが、私自身「そのような方向性になっていくのであろう」と思える資料がありましたので紹介いたします。

　財政制度等審議会　財政制度分科会（平成31年4月23日開催）において、「在宅サービスについての保険者等の関与の在り方」をみると、政令市・中核市における訪問介護では「第1号被保険者の一人あたり給付月額と第1号被保険者千人あたり介護常勤換算従業員数」の対比、同通所介護では「第1号被保険者の一人あたり給付月額と第1号被保険者千人あたり通所介護定員数」が表されています。

　このそれぞれの軸について正比例であるのであれば、**線形として「右肩あがり」となるはずです。しかし、すでにこの表の右上の上部では、この線形から外れている箇所も見受けられることからも、この訪問介護や通所介護について、地域によってはすでに「供給過剰の地域」が生じているのではないか**との記載がありました。

　つまり、居宅サービスにおいて、現在まで地方公共団体による総量規制の対象ではない居宅サービスについても、早晩総量規制の対象となりうることを、この資料は暗示してくれているのです。

　なぜ、**私が財務省の資料をこのように目を通しているのか**、理由は次のとおりです。それは、厚生労働省はあくまでも財務省の予算配分の中で予算執行しているに他ならない、つまり、**「お金の出どころ」の考え方をしっかり掴むことが、今後の社会保障制度、介護保険事業における重要な指針となる**からです。

【 通所系サービス 】

1 通所介護

① 基本報酬【変更】

【単位数】

※単位数の記載は省略。

② 通所介護等の事業所規模別の報酬等に関する対応【新規】

【関係するサービス：通所介護、通所リハビリテーション、地域密着型通所介護、認知症対応型通所介護】

　通所介護等の報酬について、感染症や災害の影響により利用者数が減少した場合、状況に即した安定的なサービス提供を可能とする観点から、利用者数に応じて柔軟に事業所規模別の各区分の報酬単価による算定を可能とするとともに、臨時的な利用者数の減少に対応するための評価を設定する。【特例措置】

【単位数】 （単位：単位／日）

		改定後
ア	事業別規模	① 大規模型Ⅰ⇒通常規模の基本報酬 ② 大規模Ⅱ⇒大規模Ⅰ又は通常規模の基本報酬
イ	基本報酬3％加算	基本報酬の3％の加算

【算定要件】

ア　事業所規模別の報酬区分の決定にあたって、より小さい規模区分がある大規模型について、前年度の平均延べ利用者数ではなく、感染症や災害の影響により延べ利用者数の減が生じた月の実績を基礎とすることができる。【通知改正】

イ　通所介護等について、感染症や災害の影響により延べ利用者数の減が生
　じた月の実績が、前年度の平均延べ利用者数から5%以上減少している
　場合、3か月間基本報酬の3%の加算を行う。【告示改正】
　　　新型コロナウイルス感染症の影響による前年度の平均延べ利用者数等
　から5%以上の利用者減に対する適用にあたっては、年度当初から即時
　的に対応を行う。

※1　利用者減の翌月に届出、翌々月から適用。利用者数の実績が前年度平
　　　均等に戻った場合はその翌月に届出、翌々月まで適用。
※2　特別の事情が認められる場合、「1回の延長」を認める。
※3　加算分は区分支給限度額の算定に含めない。
※4　ア・イの両方に該当する場合、「アを適用」すること。
→「通所介護等において感染症又は災害の発生を理由とする利用者数の減少
　が一定以上生じている場合の評価に係る基本的な考え方並びに事務処理手
　順及び様式例の提示について」(令和3年3月16日、老認発0316第4号)
　を参照のこと。

「規模区分の特例」の論点が出るのは、「通所介護」・「通所リハビリテーション」の
「大規模型Ⅰ・Ⅱ」の場合だけであることに注意。つまり、いずれのサー
ビスであっても「通常規模」であれば、「3%加算」しかあり得ないという
ことです！

同時に「3%加算」の算定要件と「規模区分の特例」の適用要件に、いずれ
も該当する場合は、「規模区分の特例」を適用することです！

○指定居宅サービスに要する費用の額の算定に関する基準（訪問通所サービス、居宅療養管理指導及び福祉
用具貸与に係る部分）及び指定居宅介護支援に要する費用の額の算定に関する基準の制定に伴う実施上
の留意事項について（平成12年3月1日 老企第36号）

第2　居宅サービス単位表（訪問介護費から通所リハビリテーション費まで及び福祉
用具貸与費に係る部分に限る。）に関する事項

7　通所介護費

（4）事業所規模による区分の取扱い

①〜④（省略）

⑤感染症又は災害の発生を理由とする利用者数の減少が一定以上生じている
　場合の事業所規模別の報酬区分の決定に係る特例については、別途通知を
　参照すること。

（5）の2　感染症又は災害の発生を理由とする利用者数の減少が一定以上
生じている場合の取扱いについて
　感染症又は災害の発生を理由とする利用者数の減少が一定以上生じている
場合の基本報酬への加算の内容については、別途通知を参照すること。

||||||||||||||||||||||||||||||||||||||||||||||||||||||||||||||||||||||||||||||||||||||||||||||||||||||||||||||||||||||||

○「令和3年度介護報酬改定に関するQ＆A（Vol.1）（令和3年3月19日）」

○ 3％加算及び規模区分の特例（利用延人数の減少理由）

問2　新型コロナウイルス感染症については、基本報酬への3％加算や事業所
　　　規模別の報酬区分の決定に係る特例の対象となっているが、現に感染
　　　症の影響と想定される利用延人員数の減少が一定以上生じている場合
　　　にあっては、減少の具体的な理由は問わないのか。

（答）　対象となる旨を厚生労働省から事務連絡によりお知らせした感染症又
　　　は災害については、利用延人員数の減少が生じた具体的な理由は問わ
　　　ず、当該感染症又は災害の影響と想定される利用延人員数の減少が一
　　　定以上生じている場合、3％加算や規模区分の特例を適用することとし

て差し支えない。

○ 3％加算及び規模区分の特例（加算算定延長の可否）

問5　3％加算については、加算算定終了後の前月においてもなお、利用延人
　　　員数が5％以上減少している場合は、加算算定の延長を希望する理由
　　　を添えて、加算算定延長の届出を行うこととなっているが、どのよう
　　　な理由があげられている場合に加算算定延長を認めることとすれば
　　　よいのか。都道府県・市町村において、届出を行った通所介護事業所
　　　等の運営状況等を鑑み、判断することとして差し支えないのか。

（答）　通所介護事業所等から、利用延人員数の減少に対応するための経営改
　　　善に時間を要すること等の理由が提示された場合においては、加算算
　　　定の延長を認めることとして差し支えない。

問6　**削除**　本質問は削除となり、「令和3年度介護報酬改定に関するQ＆A
　　　（Vol.3）（令和3年3月26日）」問21に取扱いが変更となっているので
　　　要注意！

○ 3％加算及び規模区分の特例（規模区分の特例の年度内での算定可能回数）

問7　規模区分の特例適用の届出は年度内に1度しか行うことができないの
　　　か。例えば、令和3年4月に利用延人員数が減少し、令和3年5月に規
　　　模区分の特例適用の届出を行い、令和3年6月から規模区分の特例を
　　　適用した場合において、令和3年6月に利用延人員数が回復し、令和3
　　　年7月をもって規模区分の特例の適用を終了した事業所があったとす
　　　ると、当該事業所は令和3年度中に再び利用延人員数が減少した場合
　　　でも、再度3％加算を算定することはできないのか。

（答）　通所介護（大規模型Ⅰ、大規模型Ⅱ）、通所リハビリテーション事業所（大規模
　　　型Ⅰ、大規模型Ⅱ）については、利用延人員数の減少が生じた場合に
　　　おいては、感染症又は災害が別事由であるか否かに関わらず、年度内

に何度でも規模区分の特例適用の届出及びその適用を行うことが可能である。

　また、同一のサービス提供月において、3％加算の算定と規模区分の特例の適用の両方を行うことができないが、同一年度内に3％加算の算定と規模区分の特例の適用の両方を行うことは可能である。

「規模区分の特例」の論点が出るのは、「通所介護」・「通所リハビリテーション」の「大規模型Ⅰ・Ⅱ」の場合だけであることに注意。つまり、いずれのサービスであっても「通常規模」であれば、「3％加算」しかあり得ないということです。

同時に「3％加算」の算定要件と「規模区分の特例」の適用要件に、いずれも該当する場合は、「規模区分の特例」を適用することです。

【具体例】
①年度当初に3％加算算定を行った事業所については、3％加算算定終了後に規模区分の特例適用の届出及びその適用を行うこと。

一度「3％加算」を算定したため、年度内は3％加算の申請しかできないということではありません。

②年度当初に規模区分及びその算定を行うこと。

一度「規模区分の特例」を適用したため、年度内は規模区分の特例の適用しかできないということではありません。

○3％加算及び規模区分の特例（他事業所の利用者を臨時的に受け入れた場合の利用延人員数の算定）

問12　新型コロナウイルス感染症の影響による他の事業所の休業やサービス縮小等に伴って、当該事業所の利用者を臨時的に受け入れた結果、利用者数が増加した事業所もある。このような事業所にあっては、各月の利用者延人員数及び前年度1月あたりの平均利用延人員数の算定にあたり、やむを得ない理由により受け入れた利用者について、その利用者を明確に区分したうえで、平均利用延人員数に含まないこととして差し支えないか。

（答）　差し支えない。以下、省略。

○3％加算及び規模区分の特例（利用者又はその家族への説明・同意の取得）

問13　3％加算や規模区分の特例を適用するにあたり、通所介護事業所等において利用者又はその家族への説明や同意の取得を行う必要があるか。

　　　　また、利用者又はその家族への説明や同意の取得が必要な場合、利用者又はその家族への説明を行ったことや、利用者又はその家族から同意を受けたことを記録する必要はあるか。

（答）　3％加算や規模区分の特例を適用するにあたっては、通所介護事業所等が利用者又はその家族への説明や同意の取得を行う必要はない。

　　　　なお、介護支援専門員が居宅サービス計画の原案の内容（サービス内容、サービス単位／金額等）を利用者又はその家族に説明し同意を得ることは必要である。

「通所介護」・「通所リハビリテーション」等で、事業者側が新型コロナ感染症における「3％加算」や「規模区分の特例」を適用する際、事業者は利用者等に対し説明・同意を得る必要は無い。反面、介護支援専門員が「居宅サービス計画の原案の内容」を利用者等に説明・同意を得ることは必要です。

○ 3％加算及び規模区分の特例（適用対象者の考え方）

問14　3％加算や規模区分の特例を適用する場合、通所介護事業所等を利用する全ての利用者に対し適用する必要があるのか。

（答）　3％加算や規模区分の特例は、感染症や災害の発生を理由として利用延人員数が減少した場合、状況に即した安定的なサービス提供を可能とする観点から設けられたものであり、この趣旨を鑑みれば、当該通所介護事業所等を利用する全ての利用者に対し適用することが適当である。

○「令和3年度介護報酬改定に関するQ＆A（Vol.3）（令和3年3月26日）」

○ 3％加算及び規模区分の特例（3％加算の年度内での算定可能回数）

問6　新型コロナウイルス感染症の影響により利用者延人員数が減少した場合、3％加算算定の届出は年度内に1度しか行うことができないのか。例えば、令和3年4月に利用延人員数が減少し、令和3年5月に3％加算算定の届出を行い、令和3年6月から3％加算を算定した場合において、令和3年6月に利用延人員数が回復し、令和3年7月をもって3％加算の算定を終了した事業所があったとすると、当該事業所は令和3年度中に再び利用延人員数が減少した場合でも、再度3％加算を算定することはできないのか。

（答）　感染症や災害（3％加算の対象となる旨を厚生労働省から事務連絡によりお知らせしたものに限る。）によって、利用延人員数が減少した場合にあっては、基本的に一度3％加算を算定した際とは別の感染症や災害を事由とする場合にのみ、再度3％加算を算定することが可能である。

　　　→「令和3年度介護報酬改定に関するQ＆A（Vol.1）（令和3年3月19日）」問6は削除となり、本質問に取扱いが変更となっているので要注意！

③ 認知症専門ケア加算等の見直し【新規】

【関係するサービス：訪問介護、定期巡回・随時対応型訪問介護看護、夜間対応型訪問介護、通所介護、地域密着型通所介護、療養通所介護、短期入所生活介護、短期入所療養介護、特定施設入居者生活介護、地域密着型特定施設入居者生活介護、認知症対応型共同生活介護、介護老人福祉施設、地域密着型介護老人福祉施設入所者生活介護、介護老人保健施設、介護療養型医療施設、介護医療院】

　認知症専門ケア加算等について、各介護サービスにおける認知症対応力を向上させていく観点から、以下の見直しを行う。【告示改正】

ア　訪問介護、訪問入浴介護、夜間対応型訪問介護、定期巡回・随時対応型訪問介護看護について、他のサービスと同様に、認知症専門ケア加算を新たに創設する。

イ　認知症専門ケア加算（通所介護、地域密着型通所介護、療養通所介護においては認知症加算）の算定要件の一つである、認知症ケアに関する専門研修（認知症ケア加算（Ⅰ）は認知症介護実践リーダー研修、認知症専門ケア加算（Ⅱ）は認知症介護指導者研修、認知症加算は認知症介護指導者養成研修、認知症介護実践リーダー研修、認知症介護実践者研修）を修了した者の配置について認知症ケアに関する専門性の高い看護師（認知症看護認定看護師、老人看護専門看護師、精神看護専門看護師及び精神科認定看護師）を、加算の配置要件の対象に加える。

　なお、上記の専門研修については、質を確保しつつ、eラーニングの活用等により受講しやすい環境整備を行う。

【単位数】　　　　　　　　　　　　　　　　　　　　　　　　（単位：単位／日）

	改定前	改定後	増減
認知症専門ケア加算（Ⅰ）	×	3	+3
認知症専門ケア加算（Ⅱ）	×	4	+4

【算定要件】 ※この算定要件は、既存の他のサービスの認知症専門ケア加算と同様の要件。

○認知症専門ケア加算（Ⅰ）

ア　認知症高齢者の日常生活自立度Ⅲ以上の者が利用者の50％以上。

イ　認知症介護実践リーダー研修修了者を認知症高齢者の日常生活自立度Ⅲ以上の者が20人未満の場合は1名以上、20名以上の場合は1に、当該対象者の数が19を超えて10又は端数を増すごとに1を加えて得た数以上配置し、専門的な認知症ケアを実施。

○認知症専門ケア加算（Ⅱ）

ア　認知症専門ケア加算（Ⅰ）の要件を満たし、かつ、認知症介護指導者養成研修修了者を1名以上配置し、事業所全体の認知症ケアの指導等を実施。

イ　介護、看護職員ごとの認知症ケアに関する研修計画を作成し、実施又は実施を予定。

④ 認知症介護基礎研修の受講の義務づけ【新規】

【関係するサービス：全サービス（無資格者がいない訪問系サービス（訪問入浴介護を除く）、福祉用具貸与、居宅介護支援を除く）】

　認知症についての理解のもと、本人主体の介護を行い、認知症の人の尊厳の保障を実現していく観点から、介護に関わる全ての者の認知症対応力を向上させていくため、介護サービス事業者に、介護に直接携わる職員のうち、医療・福祉関係の資格を有さない者について、認知症基礎研修を受講させるために必要な措置を講じることを義務づける。

その際、3年の経過措置期間を設けることとする。なお、認知症基礎研修については、質を確保しつつ、eラーニングの活用等により受講しやすい環境整備を行う。【省令改正】

→令和6年3月31日まで経過措置期間あり。

→新入職員の受講について１年の猶予期間を設ける。

> 非常に読みづらいが、これは配置人員において「無資格者が存在する全てのサービス」が本件に該当。ただし訪問入浴介護・福祉用具貸与・居宅介護支援は除く。

⑤ 訪問介護における通院等乗降介助の見直し【変更】

→「訪問介護」④を参照のこと。

⑥ ﾘﾊﾋﾞﾘﾃｰｼｮﾝ・機能訓練、口腔、栄養の一体的な推進【新規】

→「訪問ﾘﾊﾋﾞﾘﾃｰｼｮﾝ」②を参照のこと。

⑦ 生活機能向上連携加算の見直し【変更】

【関係するサービス：通所介護、地域密着型通所介護、認知症対応型通所介護、短期入所生活介護、特定施設入居者生活介護、地域密着型特定施設入居者生活介護、認知症対応型共同生活介護、介護老人福祉施設】

　生活機能向上連携加算について、算定率が低い状況を踏まえ、その目的である外部のﾘﾊﾋﾞﾘﾃｰｼｮﾝ専門職等との連携による自立支援・重度化防止に資する介護の推進を図る観点から、以下の見直し及び対応を行う。

ア　通所系サービス、短期入所系サービス、居住系サービス、施設サービスにおける生活機能向上連携加算について、訪問介護等における同加算と同様に、ICTの活用等により、外部のﾘﾊﾋﾞﾘﾃｰｼｮﾝ専門職等が当該サービス事業所を訪問せずに、利用者の状態を適切に把握し助言した場合について評価する区分を新たに設ける。【告示改正】

イ　訪問系サービス、多機能系サービスの各サービスについてなので省略。

【通知改正】

※外部のリハビリテーション専門職等の連携先を見つけやすくするため、生活機能向上連携加算の算定要件上、連携先となり得る訪問・通所リハビリテーション事業所が任意で情報を公表するなどの取組を進める。

【単位数】 (単位：単位／月)

	改定前	改定後	増減
生活機能向上連携加算	200	×	▲200
生活機能向上連携加算（Ⅰ）★新規	×	100	+100
生活機能向上連携加算（Ⅱ）	×	200	+200

※（Ⅰ）と（Ⅱ）の併算定は不可。

○生活機能向上連携加算（Ⅰ）※新規

【算定要件】

ア　訪問・通所リハビリテーションを実施している事業所又はリハビリテーションを実施している医療提供施設（病院にあっては許可病床数が200床未満のもの又は当該病院を中心とした半径4キロ以内に診療所が存在しない場合に限る。）の理学療法士等や医師からの助言（アセスメント・カンファレンス）を受けることができる体制を構築し、助言を受けたうえで、機能訓練指導員等が生活機能の向上を目的とした個別機能訓練計画を作成すること。

イ　理学療法士等や医師は、通所リハビリテーション等のサービス提供の場又はICTを活用した動画等により、利用者の状態を把握したうえで助言を行うこと。

○生活機能向上連携加算（Ⅱ）

> 生活機能向上連携加算（Ⅱ）は、改定前の「生活機能向上連携加算」が置き換わった形。

【算定要件】

ア　訪問・通所リハビリテーションの理学療法士・作業療法士・言語聴覚士が利用者宅を訪問して行う場合又は、リハビリテーションを実施している医療提供施設（病院にあっては許可病床数が200床未満のもの又は当該病院を中心とした半径4キロ以内に診療所が存在しない場合に限る。）の理学療法士・作業療法士・言語聴覚士・医師が訪問して行う場合に算定。

 ⅰ　カンファレンスの開催方法

  ・会議は、テレビ電話装置等を活用して行うことができるものとする。

 ⅱ　遵守すべき事項

  ・「医療・介護関係事業者における個人情報の適切な取扱いのためのガイダンス」（個人情報保護委員会・厚生労働省）

  ・「医療情報システムの安全管理に関するガイドライン」（厚生労働省）

 ⅲ　「カンファレンス」と「サービス担当者会議」の区分

  ・この場合、「カンファレンス」は、サービス担当者会議の前後の時間を明確に区分したうえで、サービス提供責任者及び理学療法士等により実施されるもので差し支えない。

通知・Q＆A関係

○指定居宅サービスに要する費用の額の算定に関する基準（訪問通所サービス、居宅療養管理指導及び福祉用具貸与に係る部分）及び指定居宅介護支援に要する費用の額の算定に関する基準の制定に伴う実施上の留意事項について（平成12年3月1日 老企第36号）

第2　居宅サービス単位表（訪問介護費から通所リハビリテーション費まで及び福祉用具貸与費に係る部分に限る。）に関する事項

7 通所介護費

（１０）生活機能向上連携加算ついて

①生活機能向上連携加算（Ⅰ）について ※抜粋

イ 生活機能向上連携加算（Ⅰ）は、指定訪問ﾘﾊﾋﾞﾘﾃｰｼｮﾝ事業所、指定通所ﾘﾊ
ﾋﾞﾘﾃｰｼｮﾝ事業所又はﾘﾊﾋﾞﾘﾃｰｼｮﾝを実施している医療提供施設（病院に
あっては、許可病床数が200床未満のもの又は当該病院を中心とした半
径４キロメートル以内に診療所が存在しないものに限る。）の理学療法士、
作業療法士、言語聴覚士又は医師（以下「理学療法士等」という。）の助言
に基づき、当該通所介護事業所の機能訓練指導員、看護職員、介護職員、
生活相談員その他の職種の者（以下「機能訓練指導員等」という。）が共同
してアセスメント、利用者の身体の状況等の評価及び個別機能訓練計画
の作成を行っていること。その際、理学療法士等は、機能訓練指導員等
に対し、日常生活上の留意点、介護の工夫等に関する助言を行うこと。
※以下、省略する。

ロ 個別機能訓練計画の作成にあたっては、指定訪問ﾘﾊﾋﾞﾘﾃｰｼｮﾝ事業所、指
定通所ﾘﾊﾋﾞﾘﾃｰｼｮﾝ事業所又はﾘﾊﾋﾞﾘﾃｰｼｮﾝを実施している医療提供施設の
理学療法士等は、当該利用者等のADL及びIADL（調理、掃除、買物、金
銭管理、服薬状況等）に関する状況について、指定訪問ﾘﾊﾋﾞﾘﾃｰｼｮﾝ事業
所、指定通所ﾘﾊﾋﾞﾘﾃｰｼｮﾝ事業所又はﾘﾊﾋﾞﾘﾃｰｼｮﾝを実施している医療提供
施設の場において把握し、又は、指定通所介護事業所の機能訓練指導員
等と連携してICTを活用した動画やテレビ電話を用いる場合においては、
理学療法士等がADL及びIADLに関する利用者の状況について適切に把
握することができるよう、理学療法士等と機能訓練指導員等で事前に方
法等を調整するものとする。

ハ 個別機能訓練計画には、利用者ごとにその目標、実施時間、実施方法等
の内容を記載しなければならない。目標については、利用者又はその家
族の意向及び当該利用者を担当する介護支援専門員の意見も踏まえ策定
することとし、当該利用者の意欲の向上に繋がるよう段階的な目標を設

　　定するなど可能な限り、具体的かつ分かりやすい目標とすること。なお、
　　個別機能訓練計画に相当する内容を通所介護計画の中に記載する場合は、
　　その記載をもって個別機能訓練計画の作成に代えることができるものと
　　する。
　二（省略）
　ホ　個別機能訓練計画の進捗状況等の評価について
　　・機能訓練指導員等は、各月における評価内容や目標の達成度合いについ
　　　て、利用者又はその家族及び理学療法士等に報告・相談し、理学療法士
　　　等から必要な助言を得たうえで、必要に応じて当該利用者又はその家族
　　　の意向を確認のうえ、当該利用者のADLやIADLの改善状況を踏まえた
　　　目標の見直しや訓練内容の変更など適切な対応を行うこと。
　　・理学療法士等は、機能訓練指導員等と共同で、3月ごとに1回以上、個
　　　別機能訓練の進捗状況について評価したうえで、機能訓練指導員等が利
　　　用者又はその家族に対して個別機能訓練計画の内容（評価を含む）や進
　　　捗状況等を説明していること。
　　　また、利用者等に対する説明は、テレビ電話装置等を活用した行うことが
　　　できるものとすること。ただし、テレビ電話装置等の活用について当該利
　　　用者等の同意を得なければならないこと。なお、テレビ電話装置等の活用
　　　にあたっては、個人情報保護委員会・厚生労働省「医療・介護関係事業所に
　　　おける個人情報の適切な取扱いのためのガイダンス」、厚生労働省「医療
　　　情報システムの安全管理に関するガイドライン」等を遵守すること。
　ヘ（省略）
　ト　生活機能向上連携加算（Ⅰ）は個別機能訓練計画に基づき個別機能訓練
　　　を提供した初回の月に限り、算定されるものである。なお、イの助言に
　　　基づき個別機能訓練を見直した場合には、本加算を再度算定することは
　　　可能であるが、利用者の急性増悪等により個別機能訓練計画を見直した
　　　場合を除き、個別機能訓練計画に基づき個別機能訓練を提供した初回の
　　　月の翌月及び翌々月は本加算を算定しない。

⑧ 通所介護における個別機能訓練の取組の強化【変更・新規】

【関係するサービス：通所介護、地域密着型通所介護】

　通所介護の個別機能訓練加算について、より利用者の自立支援等に資する機能訓練の提供を促進する観点から、加算区分や要件の見直しを行う。【告示改正】

【単位数】　　　　　　　　　　　　　　　　　　　　　　　　（単位：単位／月）

	改定前	改定後	増減
個別機能訓練加算（Ⅰ）	46	×	▲46
個別機能訓練加算（Ⅰ）イ	×	56	+56
個別機能訓練加算（Ⅰ）ロ	×	85	+85
個別機能訓練加算（Ⅱ）	×	20	+20

※個別機能訓練加算（Ⅰ）イと個別機能訓練加算（Ⅰ）ロとは併算定不可。
※個別機能訓練加算（Ⅱ）は、個別機能訓練加算（Ⅰ）イ・ロに上乗せして算定。
※個別機能訓練加算（Ⅱ）は、個別機能訓練加算（Ⅰ）イ・ロに加え、個別機能訓練計画等の内容を厚生労働省に提出し、フィードバックを受けていること（LIFEへのデータ提出とフィードバックの活用）。

　（Ⅰ）イとロの併せての算定はできない。また、（Ⅱ）は「LIFE」の取組を行った場合に（Ⅰ）イとロへ「上乗せ」して算定するものです。

【算定要件】

ア　ニーズ把握・情報収集

　　通所介護の機能訓練指導員等が、利用者の居宅を訪問し、ニーズを把握するとともに、居宅での生活状況を確認。

イ　機能訓練指導員の配置

　　・（Ⅰ）イ…専従1名以上配置（配置時間の定め無し）

　　・（Ⅰ）ロ…専従1名以上配置（サービス提供時間帯通じて配置）

　　※人員欠如減算・定員超過減算を算定している場合は個別機能訓練加算

を算定しない。

※イは運営基準上配置を求めている機能訓練指導員により満たすことで

　差し支えない。

※ロはイを加えて専従で１名以上配置する。

機能訓練指導員の配置が「専従」なのでロの方が単位数が高い！

ウ　作成計画

　　居宅訪問で把握したニーズと居宅での生活状況を参考に、多職種共同で

　　アセスメントを行い、個別機能訓練計画を作成。

エ　機能訓練項目

　　・利用者の心身の状況に応じて、身体機能及び生活機能の向上を目的と

　　　する機能訓練項目を柔軟に設定。

　　・訓練項目は複数種類準備し、その選択にあたっては利用者の生活意欲

　　　が増進されるよう利用者を援助する。

オ　訓練対象者

　　5人程度以下の小集団又は個別

カ　訓練の実施者

　　機能訓練指導員が直接実施 (介護職員等が訓練補助を行うことは可能)

キ　進捗状況の評価

　　3カ月に1回以上実施し、利用者の居宅を訪問したうえで、居宅での生

　　活状況を確認するとともに、当該利用者又はその家族に対して個別機能

　　訓練計画の進捗状況等を説明し、必要に応じて個別機能訓練計画の見直

　　しを行う。

○指定居宅サービスに要する費用の額の算定に関する基準（訪問通所サービス、居宅療養管理指導及び福祉
用具貸与に係る部分）及び指定居宅介護支援に要する費用の額の算定に関する基準の制定に伴う実施上
の留意事項について（平成12年3月1日 老企第36号）

第2　居宅サービス単位表（訪問介護費から通所リハビリテーション費まで及び福祉
用具貸与費に係る部分に限る。）に関する事項

7　通所介護費

（11）個別機能訓練加算ついて

　　個別機能訓練加算は、専ら機能訓練を実施する理学療法士、作業療法士、言
語聴覚士、看護職員、柔道整復師、あん摩マッサージ指圧師、はり師又はきゅ
う師（以下、「理学療法士等」という。）を配置し、機能訓練指導員等が共同し
て、利用者ごとに心身の状態や居宅の環境を踏まえた個別機能訓練計画を作
成し、当該計画に基づき計画的に機能訓練を行うことで、利用者の生活機能
の維持向上を図り、住み慣れた地域で居宅において可能な限り自立して暮ら
し続けることを目指すため設けられたものである。

　　本加算算定にあたっては、加算設置の趣旨を踏まえた個別機能訓練計画の
作成及び個別機能訓練が実施されなければならない。

①個別機能訓練（Ⅰ）イ、個別機能訓練（Ⅰ）ロ

イ　個別機能訓練加算（Ⅰ）イを算定する際の人員配置

　　専ら機能訓練指導員の職務に従事する理学療法士等を1名以上配置す
ること。この場合において、例えば1週間のうち特定の曜日だけ理学療
法士等を配置している場合は、その曜日において理学療法士等から直接
機能訓練の提供を受けた利用者のみが当該加算の算定対象となる。

　　ただし、この場合、当該加算を算定できる人員体制を確保している曜
日があらかじめ定められ、利用者や居宅介護支援事業者に周知されてい
る必要がある。

　　なお、指定通所居宅介護事業所の看護職員が当該加算に係る理学療法
士等の職務に従事する場合には、当該職務の時間は、指定通所介護事業

所における看護職員としての人員基準の算定に含めない。

ロ　個別機能訓練加算（Ⅰ）ロを算定する際の人員配置

　　専ら機能訓練指導員の職務に従事する理学療法士等を１名以上配置することに加えて、専ら機能訓練指導員の職務に従事する理学療法士等を指定通所介護を行う時間帯を通じて１名以上配置すること。この場合において、例えば１週間のうち特定の曜日だけ、専ら機能訓練を実施する理学療法士等を１名以上及び専ら機能訓練を実施する理学療法士等を指定通所介護を行う時間帯を通じて１名以上配置している場合は、その曜日において理学療法士等から直接訓練の提供を受けた利用者のみが当該加算の算定対象となる。

　　ただし、この場合、当該加算を算定できる人員体制を確保している曜日はあらかじめ定められ、利用者や居宅介護支援事業者に周知されている必要がある。

　　なお、指定通所介護事業所の看護職員が当該加算に係る機能訓練指導員の職務に従事する場合には、当該職務の時間は、指定通所介護事業所における看護職員としての人員基準の算定に含めない。

ハ　個別機能訓練目標の設定・個別機能訓練計画の作成

　　個別機能訓練加算（Ⅰ）イ及び個別機能訓練加算（Ⅰ）ロに係る個別機能訓練を行うにあたっては、機能訓練指導員等が共同して、利用者ごとにその目標、目標を踏まえた訓練項目、訓練実施時間、訓練実施回数等を内容とする個別機能訓練計画を作成すること。

　　個別機能訓練の目標設定にあたっては、機能訓練指導員等が利用者の居宅を訪問したうえで利用者の居宅での生活状況（起居動作、ADL、IADL等の状況）を確認し、その結果や利用者又は家族の意向及び介護支援専門員等の意見も踏まえつつ行うこと。その際、当該利用者の意欲の向上に繋がるよう長期目標・短期目標のように段階的な目標とするなど可能な限り、具体的かつ分かりやすい目標とすること。また、単に身体機能の向上を目指すことのみを目標とするのではなく、日常生活における生

活機能の維持・向上を目指すことを含めた目標とすること。

　　個別機能訓練項目の設定にあたっては、利用者の生活機能の向上に資するよう複数の種類の機能訓練の項目を準備し、その項目の選択にあたっては、利用者の生活意欲の向上に繋がるよう利用者を援助すること。

　　なお、個別機能訓練計画に相当する内容を通所介護計画の中に記載する場合は、その記載をもって個別機能訓練計画の作成に代えることができるものとする。

二　個別機能訓練の実施体制・実施回数

　　個別機能訓練加算（Ⅰ）イ及び個別機能訓練加算（Ⅰ）ロに係る個別機能訓練は、類似の目標を持ち、同様の訓練項目を選択した５人程度以下の小集団（個別対応含む）に対して機能訓練指導員が直接行うこととし、必要に応じて事業所外の設備等を用いた実践的かつ反復的な訓練とすること。

　　訓練時間については、個別機能訓練計画に定めた訓練項目の実施に必要な１回あたりの訓練時間を考慮し適切に設定すること。

　　また、本加算に係る個別機能訓練計画は、住み慣れた地域で居宅において可能な限り自立して暮らし続けることを目的とし、生活機能の維持・向上を図るため、計画的・継続的に個別機能訓練を実施する必要があり、概ね週１回以上実施することを目安とする。

ホ　個別機能訓練実施後の対応

　　個別機能訓練加算（Ⅰ）イ及び個別機能訓練加算（Ⅰ）ロに係る個別機能訓練を開始した後は、個別機能訓練項目や訓練実施時間、個別機能訓練の効果等について評価を行うほか、３月ごとに１回以上、利用者の居宅を訪問し、利用者の居宅での生活状況の確認を行い、利用者又はその家族に対して個別機能訓練の実施状況や個別機能訓練の効果等について説明し、記録すること。

　　また、概ね３月ごとに１回以上、個別機能訓練の実施状況や個別機能訓練の効果等について、当該利用者を担当する介護支援専門員等にも適

宜報告・相談し、利用者等の意向を確認のうえ、当該利用者に対する個別機能訓練の効果等を踏まえた個別機能訓練の目標の見直しや訓練項目の変更など、適切な対応を行うこと。

　また、利用者等に対する説明は、テレビ電話装置等を活用して行うことができるものとすること。ただし、テレビ電話装置等の活用について当該利用者等の同意を得なければならないこと。なお、個別情報保護委員会・厚生労働省「医療・介護関係事業所における個人情報の適切な取扱いのためのガイダンス」、厚生労働省「医療情報システムの安全管理に関するガイドライン」等を遵守すること。

> （Ⅰ）イとロの併せての算定はできない。また、（Ⅱ）は「LIFE」の取組を行った場合に（Ⅰ）イとロへ「上乗せ」して算定するものです。

へ　その他

　※以下、省略する。

②個別機能訓練（Ⅱ）について

　厚生労働省への情報の提出については、LIFEを用いて行うこととする。LIFEへの提出情報、提出頻度等については、「科学的介護情報システム（LIFE）関連情報に関する基本的考え方並びに事務処理手順及び様式例の提示について」を参考にされたい。

　サービスの質の向上を図るため、LIFEへの提出頻度及びフィードバック情報を活用し、利用者の状態に応じた個別機能計画の作成（PLAN）、当該計画に基づく個別機能訓練の実施（Do）、当該実施内容の評価（Check）、その評価結果を踏まえた当該計画の見直し・改善（Action）の一連のサイクル（PDCAサイクル）により、サービスの質の管理を行うこと。

　提出された情報については、国民の健康の保持増進及びその有する能力の維持向上に資するため、適宜活用されるものである。

加算項目に「LIFE」を用いる算定要件が含まれる場合、当該項目が含まれる！

○「令和3年度介護報酬改定に関するQ&A（Vol.3）（令和3年3月26日）」

○個別機能訓練加算（Ⅰ）ロの人員配置要件

問49　個別機能訓練加算（Ⅰ）ロにおいては、専ら機能訓練指導員の職務に従事する理学療法士等を1名以上配置することに加えて、専ら機能訓練指導員の職務に従事する理学療法士等をサービス提供時間帯を通じて1名以上配置することとなっているため、合計で2名以上の理学療法士等を配置する必要があるということか。

（答）　貴見のとおり。

○個別機能訓練加算（Ⅰ）イ及びロの人員配置要件

問51　個別機能訓練加算（Ⅰ）イ及びロにおいては、個別機能訓練計画を作成するにあたり、利用者の居宅を訪問し、利用者の居宅での生活状況の確認等を行うこととなっているが、利用者の居宅を訪問している時間については、人員配置基準上、確保すべき勤務延時間数に含めることとしてもよいか。

（答）　機能訓練指導員については、個別機能訓練加算（Ⅰ）ロの場合のみ、サービス提供時間帯を通じて専従での配置を求めているが、利用者の居宅を訪問している時間については、個別機能訓練の実施に支障がない範囲においては、配置されているものとみなして差し支えない。

　　　生活相談員については、個別機能訓練加算にかかるものか否かを問わず、「利用者宅を訪問し、在宅での生活状況を確認したうえで、利用者の家族を含めた相談・援助のための時間」は確保すべき勤務延時間数に含めることができる。

　　介護職員については、利用者の居宅を訪問している時間については、確保すべき勤務時間延時間数に含めることができない。

　　看護職員については、利用者の居宅を訪問する看護職員とは別に看護職員が確保されていない場合においては、利用者の居宅を訪問する看護職員は、利用者の居宅を訪問している時間帯を通じて同加算を算定する事業所と密接かつ適切な連携を図る必要がある。

‖‖‖

○「令和3年度介護報酬改定に関するQ&A（Vol.5）（令和3年4月9日）」

○科学的介護推進体制加算について

問4　LIFEに提出すべき情報は「科学的介護情報システム（LIFE）」関連加算に関する基本的考え方並びに事務処理手順及び様式例の提示について」（令和3年3月16日老老発0316第4号）の各加算の様式例において示されるが、利用者又は入所者の評価等にあたっては、当該様式例を必ず用いる必要があるのか。

（答）　「科学的介護情報システム（LIFE）」関連加算に関する基本的考え方並びに事務処理手順及び様式例の提示について」（令和3年3月16日老老0316第4号）において示しているとおり、評価等が算定要件において求められるものについては、それぞれの加算で求められる項目（様式で定められた項目）についての評価等が必要である。

　　ただし、同通知はあくまでもLIFEへの提出項目を示したものであり、利用者又は入所者の評価等において各加算における様式と同一のものを用いることを求めるものではない。

「科学的介護」ではデータを収集して個人・事業所間の比較を行い、これを「定量分析」として介護に生かして行こうという趣旨。当然、この提出したデータの項目が異なってしまったら、そもそも比較ができない！

⑨ 通所介護等の入浴介助加算の見直し【変更・新規】

【関係するサービス：通所介護、地域密着型通所介護、認知症対応型通所介護】

　通所介護等における入浴介助加算について、利用者の自宅での入浴の自立を図る観点から、以下の見直しを行う。【告示改正】

ア　利用者が自宅において、自身又は家族等の介助によって入浴を行うことができるよう、利用者の身体状況や医師・理学療法士・作業療法士・介護支援専門員等が訪問により把握した利用者宅の浴室の環境を踏まえた個別の入浴計画を医師との連携の下に作成し、同計画に基づき事業所において個別の入浴介助を行うことを評価する新たな区分を設ける。

イ　現行相当の加算区分については、現行の入浴介助加算は多くの事業所で算定されていることを踏まえ、また、新たな加算区分の取組を促進する観点から、評価の見直しを行う。

【単位数】　　　　　　　　　　　　　　　　　　　　　　（単位：単位／月）

	改定前	改定後	増減
~~入浴介助加算~~	50	×	▲50
入浴介助加算（Ⅰ）	×	40	+40
入浴介助加算（Ⅱ）	×	55	+55

※入浴介助加算（Ⅰ）と入浴介助加算（Ⅱ）とは併算定不可。

【算定要件】

○入浴介助加算（Ⅰ）※現行の入浴介助加算と算定要件は同様。

ア　入浴介助を適切に行うことができる人員及び設備を有して行われる入浴介助であること。

○入浴介助加算（Ⅱ）※要件イ〜エが新たに定められた。

ア　入浴介助を適切に行うことができる人員及び設備を有して行われる入浴介助であること。

イ　医師、理学療法士、作業療法士、介護福祉士、介護支援専門員（以下「医師等」という。）が利用者の居宅を訪問し、浴室での利用者の動作及び浴室の環境を評価していること。この際、利用者の居宅の浴室が、利用者自身又は家族等の介助により入浴を行うことが難しい環境にある場合は、訪問した医師等が、介護支援専門員・福祉用具専門相談員と連携し、福祉用具の貸与・購入・住宅改修等の浴室の環境整備に係る助言を行うこと。

ウ　利用者の居宅を訪問した医師等と連携の下で、利用者の身体の状況や訪問により把握した利用者の居宅の浴室の環境等を踏まえた個別の入浴計画を作成すること。

エ　入浴計画に基づき、個浴その他の利用者の居宅の状況に近い環境にて、入浴介助を行うこと。

通知・Ｑ＆Ａ関係

○指定居宅サービスに要する費用の額の算定に関する基準（訪問通所サービス、居宅療養管理指導及び福祉用具貸与に係る部分）及び指定居宅介護支援に要する費用の額の算定に関する基準の制定に伴う実施上の留意事項について（平成12年3月1日 老企第36号）

第2　居宅サービス単位表（訪問介護費から通所ﾘﾊﾋﾞﾘﾃｰｼｮﾝ費まで及び福祉用具貸与費に係る部分に限る。）に関する事項

7　通所介護費

（8）入浴介助加算について

ア　入浴介助加算（Ⅰ）について

①入浴介助加算（Ⅰ）は、入浴中の利用者の観察を含む介助を行う場合について算定されるものである（大臣基準告示第14号の3）が、この場合の「観察」とは、自立生活支援のための見守り的援助のことであり、利用者の自立支援や日常生活動作能力などの向上のために、極力利用者自身の力で入浴し、必要に応じて介助、転倒予防のための声掛け、気分の確認などを行うことにより、結果として身体に直接接触する介助を行わなかった場合についても、加算の対象となるものであること。なお、この場合の入浴には、利用者の自立生活を支援するうえで最適と

考えられる入浴手法が、部分浴（シャワー浴含む）等である場合は、これを含むものとする。

②通所介護計画上、入浴を位置付けられている場合に、利用者側の事情により、入浴を実施しなかった場合については、加算を算定できない。

イ　入浴介助加算（Ⅱ）について

①ア①及び②を準用する。この場合において、ア①の「入浴介助加算（Ⅰ）」は、「入浴介助加算（Ⅱ）」に読み替えるものとする。

②入浴介助加算（Ⅱ）は、利用者が居宅において、自身で又は家族若しくは居宅で入浴介助を行うことが想定される訪問介護員等の介助によって入浴ができるようになることを目的とし、以下a〜cを実施することを評価するものである。なお、入浴介助加算（Ⅱ）の算定に関係する者は、利用者の状態に応じ、自身で又は家族・訪問介護員等の介助により尊厳を保持しつつ入浴ができるようになるためには、どのような介護技術を用いて行うことが適切であるかを念頭に置いたうえで、a〜cを実施する。

a　医師、理学療法士、作業療法士、介護福祉士、介護支援専門員等が利用者の居宅を訪問し、利用者の状態を踏まえ、浴室における当該利用者の動作及び浴室の環境を評価する。その際、当該利用者の居宅を訪問し評価した者が、入浴に係る適切な介護技術に基づいて、利用者の動作を踏まえ、利用者自身で又は家族・訪問介護員等の介助により入浴を行うことが可能であると判断した場合、指定通所介護事業所に対しその旨情報共有する。また、当該利用者の居宅を訪問し評価した者が、指定通所介護事業所従業員以外の者である場合は、書面等を活用し、十分な情報共有を行うよう留意すること。

b　指定通所介護事業所の機能訓練指導員等が共同して、利用者の居宅を訪問し評価した者との連携のもとで、当該利用者の身体の状況や訪問により把握した利用者の居宅の浴室の環境等を踏まえた個別の入浴計画を作成する。なお、個別の入浴計画に相当する内容を通所

　　介護計画の中に記載する場合は、その記載をもって個別の入浴計画の作成に代えることができる。

　c　bの入浴計画に基づき、個浴その他の利用者の居宅の状況に近い環境にて、入浴介助を行う。なお、この場合の「個浴その他の利用者の居宅の状況に近い環境」とは、手すりなど入浴に要する福祉用具等を活用し利用者の居宅の浴室の環境を個別に模したものとして差し支えない。また、入浴介助を行う際は、関係計画等の達成状況や利用者の状態を踏まえて、自身で又は家族・訪問介護員等の介助によって入浴することができるようになるよう、必要な介護技術の習得に努め、これを用いて行われるものであること。なお、必要な介護技術の習得にあたっては、既存の研修等を参考にすること。

――

○「令和3年度介護報酬改定に関するQ＆A（Vol.8）（令和3年4月26日）」

○入浴介助加算（Ⅱ）

問1　入浴介助加算（Ⅱ）は、利用者が居宅において利用者自身で又は家族等の介助により入浴を行うことができるようになることを目的とするものであるが、この場合の「居宅」とは、どのような場所が想定されるのか。

（答）　利用者の自宅（高齢者住宅（居室内の浴室を使用する場合のほか、共同の浴室を使用する場合も含む。）を含む。）のほか、利用者の親族の自宅が想定される。なお、浴室がない等、具体的な入浴場面を想定していない利用者や、本人が希望する場所で入浴するには心身機能の大幅な改善が必要となる利用者にあっては、以下①〜⑤を全て満たすことにより、当面の目標として通所介護等での入浴の自立を図ることを目的として、同加算を算定することとしても差し支えない。

　　①通所介護等事業所の浴室において、医師、理学療法士、作業療法士、介護福祉士、介護支援専門員等（利用者の動作及び浴室の環境の評

価を行うことができる福祉用具専門相談員、機能訓練指導員を含む。)が利用者の動作を評価する。

②通所介護等事業所において、自立して入浴することができるよう必要な設備（入浴に関する福祉用具等）を備える。

③通所介護等事業所の機能訓練指導員等が共同して、利用者の動作を評価した者等との連携の下で、当該利用者の身体の状況や通所介護等事業所の浴室の環境等を踏まえて個別の入浴計画を作成する。なお、個別の入浴計画に相当する内容を通所介護計画の中に記載する場合は、その記載をもって個別の入浴計画の作成に代えることができるものとする。

④個別の入浴計画に基づき、通所介護等事業所において、入浴介助を行う。

⑤入浴設備の導入や心身機能の回復等により、通所介護等以外の場面での入浴が想定できるようになっているかどうか、個別の利用者の状況に照らし確認する。

○入浴介助加算（Ⅱ）

問2　入浴介助加算（Ⅱ）について、医師、理学療法士、作業療法士、介護福祉士、介護支援専門員等（利用者の動作及び浴室の環境の評価を行うことができる福祉用具専門相談員、機能訓練指導員を含む。)が利用者の居宅を訪問し、浴室における当該利用者の動作及び浴室の環境を評価することとなっているが、この他に評価を行うことができる者としてどのような者が想定されるか。

（答）　地域包括支援センターの担当職員、福祉・住環境コーディネーター2級以上の者等が想定される。

○入浴介助加算（Ⅱ）

問3　入浴介助加算（Ⅱ）については、算定にあたって利用者の居宅を訪問

し、浴室における当該利用者の動作及び浴室の環境を評価することと
なっているが、この評価は算定開始後も定期的に行う必要があるのか
（答）　当該利用者の身体状況や居宅の浴室の環境に変化が認められた場合に
再評価や個別の入浴計画の見直しを行うこととする。

○入浴介助加算（Ⅰ）及び（Ⅱ）
問6　同一事業所において、入浴介助加算（Ⅰ）を算定する者と入浴介助加算
（Ⅱ）を算定する者が混在しても差し支えないか。また、混在しても差
し支えない場合、〜省略〜定める「介護給付費算定に係る体制等状況
一覧表（居宅サービス・施設サービス・居宅介護支援）」等は、どのよう
に記載させればよいか。
（答）　前段については、差し支えない。後段については、「加算Ⅱ」と記載さ
せることとする。（「加算Ⅱ」と記載した場合であっても、入浴介助加算
（Ⅰ）を算定することは可能である）。

⑩ 通所系サービス等における口腔機能向上の取組の充実【新規】

【関係するサービス：通所介護、地域密着型通所介護、療養通所介護、認知症
対応型通所介護、通所リハビリテーション、小規模多機能型居宅介護、看護小規模多
機能型居宅介護、特定施設入居者生活介護、地域密着型特定施設入居者生活
介護、認知症対応型共同生活介護】

　通所系サービス、多機能系サービス、居住系サービスについて、利用者の
口腔機能低下を早期に確認し、適切な管理等を行うことによって、口腔機能
低下の重症化等予防、維持、回復等に繋げる観点から、介護職員が実施可能
な口腔スクリーニングの実施を評価する新たな加算を創設する。その際、目
的及び方法等に鑑み、栄養スクリーニング加算による取組・評価と一体的に
行う。【告示改正】
　口腔機能向上加算について、LIFEへのデータ提出とフィードバックの活用

による更なるPDCAサイクルの推進・ケアの向上を図ることを評価する新たな区分を設ける。【告示改正】

○口腔・栄養スクリーニング加算【新規】

【単位数】 (単位：単位／回)

	改定前	改定後	増減
~~栄養スクリーニング加算~~	5	×	▲5
口腔・栄養スクリーニング加算（Ⅰ）	×	20	+20
口腔・栄養スクリーニング加算（Ⅱ）	×	5	+5

【算定要件】

○口腔・栄養スクリーニング加算（Ⅰ）

ア　介護サービス事業所の従業者が、利用開始時及び利用中6月ごとに利用者の口腔の健康状態及び栄養状態について確認を行い、当該情報につき利用者を担当する介護支援専門員に提供していること。

　　→栄養アセスメント加算、栄養改善加算及び口腔機能向上加算との併算定は不可。

○口腔・栄養スクリーニング加算（Ⅱ）　※6月に1回を限度

ア　利用者が、栄養改善加算や口腔機能向上加算を算定している場合に、口腔の健康状態と栄養のいずれかの確認を行い、当該情報につき利用者を担当する介護支援専門員に提供していること。

　　→栄養アセスメント加算、栄養改善加算及び口腔機能向上加算を算定しており、加算（Ⅰ）を算定できない場合にのみ算定可能。

通知・Q＆A関係 ‖‖‖

○指定居宅サービスに要する費用の額の算定に関する基準（訪問通所サービス、居宅療養管理指導及び福祉用具貸与に係る部分）及び指定居宅介護支援に要する費用の額の算定に関する基準の制定に伴う実施上の留意事項について（平成12年3月1日 老企第36号）

第2　居宅サービス単位表（訪問介護費から通所ﾘﾊﾋﾞﾘﾃｰｼｮﾝ費まで及び福祉用具貸与費に係る部分に限る。）に関する事項

7　通所介護費

（17）口腔・栄養スクリーニング加算について

①（省略）

②口腔スクリーニング及び栄養スクリーニングは、利用者に対して、原則として一体的に実施すべきものであること。ただし、大臣基準第19条の2ロに規定する場合にあっては、口腔スクリーニング又は栄養スクリーニングの一方のみを行い、口腔・栄養スクリーニング加算（Ⅱ）を算定することができる。

③口腔スクリーニング及び栄養スクリーニングを行うにあたっては、利用者について、それぞれ次に掲げる確認を行い、確認した情報を介護支援専門員に提供すること。

イ　口腔スクリーニング

    a　硬いものを避け、柔らかいものばかりを中心に食べる者

    b　入れ歯は使っている者

    c　むせやすい者

ロ　栄養スクリーニング

    a　BMIが18.5未満である者

    b　1〜6月間で3％以上の体重減少が認められる者又は「地域支援事業の実施について」（平成18年6月9日老発第0609001号厚生労働省老健局長通知）に規定する基本チェックリストのNo.11の項目が「1」に該当する者

    c　血清アルブミン値が3.5g/dl以下である者

    d　食事摂取量が不良（75％以下）である者

④口腔・栄養スクリーニング加算の算定を行う事業所については、サービス担当者会議で決定することとし、原則として、当該事業所が当該加算に基づく口腔スクリーニング又は栄養スクリーニングを継続的に実施すること。

⑤口腔・栄養スクリーニング加算に基づく口腔スクリーニング又は栄養スクリーニングの結果、栄養改善加算の算定に係る栄養改善サービス又は口腔機能向上加算の算定に係る口腔機能向上サービスの提供が必要と判断された場合には、口腔・栄養スクリーニング加算の算定月でも栄養改善加算又は口腔機能向上加算を算定できること。

|||||||||||||||||||||||||||||||||||||||||||||||||||||||||||||||||||||||||||||||||||||||||||||||||||||||||||||||||||||||||||||||||||||||||||||||||||||||||||

○居宅サービスにおける栄養ケア・マネジメント等に関する事務処理手順及び様式例の提示について
（平成18年3月31日老老発第0331009号厚生労働省老健局老人保健課長通知）

（2）　栄養ケア・マネジメントの実務

ア　利用開始時における栄養スクリーニング

　　管理栄養士は、利用者の利用開始時に、関係職種と共同して、低栄養状態のリスクを把握する（以下「栄養スクリーニング」という。）。なお、栄養スクリーニングは、別紙1又は2の様式例を参照の上、結果を記録する。ただし、管理栄養士が配置されていない場合は、介護職員等が別紙1の様式例を参照の上、栄養スクリーニングの結果を記録することも差し支えない。なお、事業所における管理栄養士等の配置の有無にかかわらず、栄養スクリーニング加算を算定する場合は、記録した情報を介護支援専門員に文書で共有する。

○口腔機能向上加算（Ⅰ）・（Ⅱ）※（Ⅱ）は新規

【単位数】 (単位：単位／回)

	改定前	改定後	増減
口腔機能向上加算	150	×	▲150
口腔機能向上加算（Ⅰ）	×	150	+150
口腔機能向上加算（Ⅱ）	×	160	+160

→口腔機能向上加算（Ⅰ）と加算（Ⅱ）の併算定は不可。

【算定要件】

○口腔機能向上加算（Ⅱ）※原則３月以内、月２回を限度

ア　口腔機能向上加算（Ⅰ）の取組に加え、口腔機能改善管理指導計画等の情報を厚生労働省に提出し、口腔機能向上サービスの実施にあたって当該情報その他口腔衛生の管理の適切かつ有効な実施のために必要な情報を活用していること。

通知・Q＆A関係

○指定居宅サービスに要する費用の額の算定に関する基準（訪問通所サービス、居宅療養管理指導及び福祉用具貸与に係る部分）及び指定居宅介護支援に要する費用の額の算定に関する基準の制定に伴う実施上の留意事項について（平成12年３月１日 老企第36号）

第２　居宅サービス単位表（訪問介護費から通所リハビリテーション費まで及び福祉用具貸与費に係る部分に限る。）に関する事項

７　通所介護費

（18）口腔機能向上加算について

※①～⑥（省略）

⑦厚生労働省への情報の提出については、LIFEを用いて行うこととする。LIFEへの提出情報、提出頻度等については、「科学的介護情報システム（LIFE）関連情報に関する基本的考え方並びに事務処理手順及び様式例の提示について」を参考にされたい。

　　サービスの質の向上を図るため、LIFEへの提出頻度及びフィードバック

情報を活用し、利用者の状態に応じた個別機能計画の作成（PLAN）、当該計画に基づく個別機能訓練の実施（Do）、当該実施内容の評価（Check）、その評価結果を踏まえた当該計画の見直し・改善（Action）の一連のサイクル（PDCAサイクル）により、サービスの質の管理を行うこと。

　提出された情報については、国民の健康の保持増進及びその有する能力の維持向上に資するため、適宜活用されるものである。

> 加算項目に「LIFE」を用いる算定要件が含まれる場合、当該項目が含まれる！

○「令和3年度介護報酬改定に関するＱ＆Ａ（Vol.5）（令和3年4月9日）」
○科学的介護推進体制加算について
問4　LIFEに提出すべき情報は「科学的介護情報システム（LIFE）」関連加算に関する基本的考え方並びに事務処理手順及び様式例の提示について」（令和3年3月16日老老発0316第4号）の各加算の様式例において示されるが、利用者又は入所者の評価等にあたっては、当該様式例を必ず用いる必要があるのか。
（答）　「科学的介護情報システム（LIFE）」関連加算に関する基本的考え方並びに事務処理手順及び様式例の提示について」（令和3年3月16日老老0316第4号）において示しているとおり、評価等が算定要件において求められるものについては、それぞれの加算で求められる項目（様式で定められた項目）についての評価等が必要である。

　ただし、同通知はあくまでもLIFEへの提出項目を示したものであり、利用者又は入所者の評価等において各加算における様式と同一のものを用いることを求めるものではない。

「科学的介護」ではデータを収集して個人・事業所間の比較を行い、これを「定量分析」として介護に生かして行こうという趣旨。当然、この提出したデータの項目が異なってしまったら、そもそも比較ができない！

⑪ 通所系サービス等における栄養ケア・マネジメントの充実【新規・変更】

【関係するサービス：通所介護、地域密着型通所介護、認知症対応型通所介護、通所ﾘﾊﾋﾞﾘﾃｰｼｮﾝ、看護小規模多機能型居宅介護】

　通所系サービス等について、栄養改善が必要な者を的確に把握し、適切なサービスに繋げていく観点から、以下の見直しを行う。【告示改正・通知改正】

ア　管理栄養士と介護職員等との連携による栄養アセスメントの取組を評価する新たな加算を創設する。その際、LIFEへのデータ提出とフィードバックの活用による更なるPDCAサイクルの推進・ケアの向上を図ることを要件の一つとする。

イ　栄養改善加算について、栄養改善が必要な者に適切な栄養管理を行う観点から、事業所の管理栄養士が必要に応じて居宅を訪問しての栄養改善サービスの取組を行うことを求めるとともに、評価の充実を図る。

ウ　ア及びイにおける管理栄養士については、外部（他の介護事業所、医療機関、介護保険施設又は栄養ケア・ステーション）との連携による配置を可能とする。

エ　ア及びイの加算については、通所系サービスに加えて、看護小規模多機能型居宅介護を対象とする。

○栄養アセスメント加算【新規】

【単位数】 （単位：単位／月）

	改定前	改定後	増減
栄養アセスメント加算	×	50	+50

→口腔・栄養スクリーニング加算（Ⅰ）及び栄養改善加算との併算定は不可。

【算定要件】

ア 当該事業所の従業員として又は外部との連携により、管理栄養士を1名以上配置していること。

イ 利用者ごとに、管理栄養士、看護職員、介護職員、生活相談員その他の職種の者が共同して栄養アセスメントを実施し、当該利用者又はその家族に対してその結果を説明し、相談等に必要に応じ対応すること。

ウ 利用者ごとの栄養状態の情報を厚生労働省に提出し、栄養管理の実施にあたって、当該情報その他栄養管理の適切かつ有効な実施のために必要な情報を活用していること（LIFEへのデータ提出とフィードバックの活用）。

通知・Q＆A関係

○指定居宅サービスに要する費用の額の算定に関する基準（訪問通所サービス、居宅療養管理指導及び福祉用具貸与に係る部分）及び指定居宅介護支援に要する費用の額の算定に関する基準の制定に伴う実施上の留意事項について（平成12年3月1日 老企第36号）

第2 居宅サービス単位表（訪問介護費から通所ﾘﾊﾋﾞﾘﾃｰｼｮﾝ費まで及び福祉用具貸与費に係る部分に限る。）に関する事項

7 通所介護費

（15）栄養アセスメント加算について

①栄養アセスメント加算の算定に係る栄養アセスメントは、利用者ごとに行われるケアマネジメントの一環として行われることに留意すること。

②当該事業所の職員として、又は外部（栄養アセスメント加算の対象事業所に限る。）又は公益社団法人日本栄養士会若しくは都道府県栄養士会が設

置し、運営する栄養ケア・ステーションとの連携により、管理栄養士を1名以上配置して行うものであること。

③栄養アセスメントについては、3月に1回以上、イからニまでに掲げる手順により、あわせて利用者の体重については、1月ごとに測定すること。

イ 利用者ごとの低栄養状態のリスクを、利用開始時に把握すること。

ロ 管理栄養士、看護職員、介護職員、生活相談員その他の職種の者が共同して、利用者ごとの摂食・嚥下機能及び食形態にも配慮しつつ、解決すべき栄養管理上の課題の把握を行うこと。

ハ イ及びロの結果を当該利用者又はその家族に対して説明し、必要に応じ解決すべき栄養管理上の課題に応じた栄養食事相談、情報提供等を行うこと。

ニ 低栄養状態にある利用者又はその恐れのある利用者については、介護支援専門員と情報共有を行い、栄養改善加算に係る栄養改善サービスの提供を検討するように依頼すること。

④原則として、当該利用者が栄養改善加算の算定に係る栄養改善サービスを受けている間及び当該栄養改善サービスが終了した日の属する月は、栄養アセスメント加算は算定しないが、栄養アセスメント加算に基づく栄養アセスメントの結果、栄養改善加算に係る栄養改善サービスの提供が必要と判断された場合は、栄養アセスメント加算の算定月での栄養改善加算を算定できること。

⑤厚生労働省への情報の提出については、LIFEを用いて行うこととする。LIFEへの提出情報、提出頻度等については、「科学的介護情報システム（LIFE）関連情報に関する基本的考え方並びに事務処理手順及び様式例の提示について」を参考にされたい。

　サービスの質の向上を図るため、LIFEへの提出頻度及びフィードバック情報を活用し、利用者の状態に応じた個別機能計画の作成（PLAN）、当該計画に基づく個別機能訓練の実施（Do）、当該実施内容の評価（Check）、その評価結果を踏まえた当該計画の見直し・改善（Action）の一連のサイクル

（PDCAサイクル）により、サービスの質の管理を行うこと。

　提出された情報については、国民の健康の保持増進及びその有する能力の維持向上に資するため、適宜活用されるものである。

> 加算項目に「LIFE」を用いる算定要件が含まれる場合、当該項目が含まれる！

○「令和3年度介護報酬改定に関するQ＆A（Vol.3）（令和3年3月26日）」

○管理栄養士による居宅療養管理指導、栄養アセスメント加算、栄養改善加算、栄養管理体制加算について

問15　外部との連携について、介護保険施設の場合は「栄養マネジメント強化加算の算定要件として規定する員数を超えて管理栄養士を置いているもの又は常勤の管理栄養士を1名以上配置しているものに限る。」とあるが、栄養マネジメント強化加算を算定せず、介護保険施設に常勤の管理栄養士が1名いる場合は、当該施設の管理栄養士が兼務できるのか。

（答）　入居者の処遇に支障がない場合には、兼務が可能である。ただし、人員基準において常勤の栄養士又は管理栄養士を1名以上配置することが求められる施設において、人員基準上置くべき員数である管理栄養士については、兼務することはできない。

○「令和3年度介護報酬改定に関するQ＆A（Vol.5）（令和3年4月9日）」

○科学的介護推進体制加算について

問4　LIFEに提出すべき情報は「科学的介護情報システム（LIFE）」関連加算に関する基本的考え方並びに事務処理手順及び様式例の提示について」（令和3年3月16日老老発0316第4号）の各加算の様式例におい

て示されるが、利用者又は入所者の評価等にあたっては、当該様式例を必ず用いる必要があるのか。

(答)　「科学的介護情報システム (LIFE)」関連加算に関する基本的考え方並びに事務処理手順及び様式例の提示について」(令和3年3月16日老老0316第4号) において示しているとおり、評価等が算定要件において求められるものについては、それぞれの加算で求められる項目 (様式で定められた項目) についての評価等が必要である。

　　　ただし、同通知はあくまでも LIFE への提出項目を示したものであり、利用者又は入所者の評価等において各加算における様式と同一のものを用いることを求めるものではない。

> 「科学的介護」ではデータを収集して個人・事業所間の比較を行い、これを「定量分析」として介護に生かして行こうという趣旨。当然、この提出したデータの項目が異なってしまったら、そもそも比較ができない！

○「令和3年度介護報酬改定に関するQ＆A (Vol.10) (令和3年6月9日)」
○栄養アセスメント加算について
問1　利用者が、複数の通所事業所等を利用している場合、栄養アセスメント加算の算定事業者はどのように判断するのか。
(答)　利用者が、複数の通所事業所等を利用している場合は、栄養アセスメントを行う事業所について、
　　・サービス担当者会議等で、利用者が利用している各種サービスと栄養状態との関連性や実施時間の実績、利用者又は家族の希望等も踏まえて検討した上で、
　　・介護支援専門員が事業所間の調整を行い、決定することとし、原則として、当該事業所が継続的に栄養アセスメントを実施すること。

○栄養改善加算【変更】

【単位数】 （単位：単位／月）

	改定前	改定後	増減
栄養改善加算	150	200	+50

→原則3月以内、月2回を限度

【算定要件】

ア　当該事業所の職員として、又は外部（他の介護事業所・医療機関・栄養ケア・ステーション）との連携により管理栄養士を1名以上配置していること。

イ　栄養改善サービスの提供にあたって、必要に応じ居宅を訪問することを新たに求める。【追加要件】

通知・Q＆A関係 ▨▨

○指定居宅サービスに要する費用の額の算定に関する基準（訪問通所サービス、居宅療養管理指導及び福祉用具貸与に係る部分）及び指定居宅介護支援に要する費用の額の算定に関する基準の制定に伴う実施上の留意事項について（平成12年3月1日 老企第36号）

第2　居宅サービス単位表（訪問介護費から通所リハビリテーション費まで及び福祉用具貸与費に係る部分に限る。）に関する事項

7　通所介護費

（16）栄養改善加算について

①（省略）

②当該事業所の職員として、又は外部（栄養改善加算の対象事業所に限る。）又は公益社団法人日本栄養士会若しくは都道府県栄養士会が設置し、運営する栄養ケア・ステーションとの連携により、管理栄養士を1名以上配置して行うものであること。

③（省略）

④栄養改善サービスの提供は、以下のイからヘまでに掲げる手順を経てなされる。

※イ〜ハ（省略）

ニ　栄養改善サービスの提供にあたり、居宅における食事の状況を聞き取った結果、課題がある場合は、当該課題を解決するため、利用者又はその家族の同意を得て、当該利用者の居宅を訪問し、居宅での食事状況・食事環境等の具体的な課題の把握や、主として食事の準備をする者に対する栄養食事相談等の栄養改善サービスを提供すること。

※以下、省略する。

⑫ ADL維持等加算の見直し【変更】

【関係するサービス：通所介護、地域密着型通所介護、認知症対応型通所介護、特定施設入居者生活介護、地域密着型特定施設入居者生活介護、介護老人福祉施設、地域密着型介護老人福祉施設入所者生活介護】

　ADL維持等加算について、自立支援・重度化防止に向けた取組を一層推進する観点から、以下の見直しを行う。【告示改正】

　通所介護に加えて、認知症対応型通所介護、特定施設入居者生活介護、地域密着型特定施設入居者生活介護、介護老人福祉施設、地域密着型介護老人福祉施設入所者生活介護を対象とする。

ア　クリームスキミングを防止する観点や、現状の同加算の取得状況や課題を踏まえ、算定要件について、以下の見直しを行う。

　　i　初月と6月目のADL値の報告について、評価可能な者は原則全員報告を求める。

　　ii　リハビリテーションサービスを併用している者について、同加算取得事業者がリハビリテーションサービス事業者と連携して機能訓練を実施している場合に限り、同加算に係る計算式の対象とする。

　　iii　利用者の総数や要介護度、要介護等認定月に係る要件を緩和する。

　　iv　ADL利得が上位85％の者について、各々のADL利得を合計したもの

が0以上とする要件について、初月のADL値に応じて調整式で得られた利用者の調整済ADL利得が一定の値以上とする。

 v LIFEへのデータ提出とフィードバックの活用によるPDCAサイクルの推進・ケアの向上を図ることを求める。

イ より自立支援等に効果的は取組を行い、利用者のADLを良好に維持・改善する事業者を高く評価する新たな区分を設ける。

ウ 通所介護に加えて、機能訓練等に従事する者を十分に配置し、ADLの維持等を目的とする認知症対応型通所介護、特定施設入居者生活介護、地域密着型特定施設入居者生活介護、介護老人福祉施設、地域密着型介護老人福祉施設入所者生活介護を同加算の対象とする。

【単位数】 （単位：単位／月）

	改定前	改定後	増減
~~ADL維持等加算~~	3	×	▲3
ADL維持等加算（Ⅰ）	3	30	+27
ADL維持等加算（Ⅱ）	6	60	+54
ADL維持等加算（Ⅲ）	×	3	+3

※加算（Ⅰ）・（Ⅱ）は併算定不可。

（Ⅰ）と（Ⅱ）を併せての算定することはできない。（Ⅲ）は改定前の「ADL維持等加算」である。

【算定要件】

○ADL維持等加算（Ⅰ）

ア 5時間以上が5時間未満の算定回数を上回る利用者の総数を20名以上とする条件について、利用時間の要件を廃止するとともに、利用者（当該事業所の評価対象利用期間が6月を超える者）の総数の要件を10名以上に緩和する。

イ 評価対象の最初の月における要介護度3〜5の利用者が15%以上、初回
　 の要介護認定月から起算して12月以内の者が15%以下とする要件を廃
　 止。
ウ 初月のADL値や要介護認定の状況等に応じた値を加えて得たADL利得
　 (調整済ADL利得)の平均が1以上の場合に算定可能とする。
エ LIFEへのデータ提出とフィードバックの活用によるPDCAサイクルの
　 推進・ケアの向上を図ることを求める (LIFEへのデータ提出とフィード
　 バックの活用)。

○ADL維持等加算(Ⅱ)

ア 加算(Ⅰ)のア・ウの要件を満たすこと。
イ 評価対象利用者のADL利得を平均して得た値(加算(Ⅰ)のウと同様に
　 算出した値)が2以上であること。

通知・Q & A関係 ⸻⸻⸻⸻⸻⸻⸻⸻⸻⸻⸻⸻⸻

○指定居宅サービスに要する費用の額の算定に関する基準(訪問通所サービス、居宅療養管理指導及び福祉
　用具貸与に係る部分)及び指定居宅介護支援に要する費用の額の算定に関する基準の制定に伴う実施上
　の留意事項について (平成12年3月1日 老企第36号)

第2 　居宅サービス単位表 (訪問介護費から通所リハビリテーション費まで及び福祉
用具貸与費に係る部分に限る。)に関する事項

7 　通所介護費

(12) ADL維持等加算について

①ADL維持等加算(Ⅰ)及び(Ⅱ)について

イ ADLの評価は、一定の研修を受けた者により、Barthel Indexを用いて行
　 うものとする。
ロ 大臣基準告示第16号の2イ(2)における厚生労働省へのADL値の提出
　 は、LIFEを用いて行うこととする。

「改定前」までのADL値の提出は「サービス本体報酬の介護給付費明細書の給付費明細欄の適用欄への記載でした。

ハ　大臣基準告示第16号の2イ（3）及びロ（2）におけるADL利得は、評価対象利用開始月の翌月から起算して6月目の月に測定したADL値から、評価対象利用開始月に測定したADL値を控除した得た値に、次の左欄に掲げる者に係る同表の中欄の評価対象利用開始月に測定したADL値に応じてそれぞれ同表の右欄に掲げる値を加えた値を平均して得た値とする。

1　2以外の者	ADL値が0以上25以下	1
	ADL値が30以上50以下	1
	ADL値が55以上75以下	2
	ADL値が80以上100以下	3
2　評価対象利用開始月において、初回の要介護認定（法第27条第1項に規定する要介護認定をいう。）があった月から起算して12月以内である者	ADL値が0以上25以下	0
	ADL値が30以上50以下	0
	ADL値が55以上75以下	1
	ADL値が80以上100以下	2

ニ　ハにおいてADL利得の平均を計算するにあたって対象とする者は、ADL利得の多い順に、上位10％に相当する利用者及び下位10％に相当する利用者を除く利用者とする（端数は切り捨て。）。

「ADL利得」の平均を計算することが趣旨なので、このような取扱いとなる。

ホ　他の施設や事業者が提供するリハビリテーションを併用している利用者について

は、リハビリテーションを提供している当該他の施設や事業所と連携してサービスを実施している場合に限り、ADL利得の評価対象者に含めるものとする。

へ　令和３年度については、評価対象期間において次のaからcまでの要件を満たしている場合に、評価対象期間の満了日の属する月の翌月から12月（令和３年４月１日までに指定居宅サービス介護給付費単位数表の通所介護費の注12に掲げる基準に適合しているものとして都道府県知事に届出を行う場合にあっては、令和３年度内）に限り、ADL維持等加算（Ⅰ）又は（Ⅱ）を算定できることとする。

a　大臣基準告示第16号の２イ（１）、（２）及び（３）並びにロ（２）の基準（イ（２）については、厚生労働省への提出を除く。）を満たすことを示す書類を保存していること。

b　厚生労働省への情報の提出については、LIFEを用いて行うこととする。LIFEへの提出情報、提出頻度等については、「科学的介護情報システム（LIFE）関連情報に関する基本的考え方並びに事務処理手順及び様式例の提示について」を参考にされたい。

　サービスの質の向上を図るため、LIFEへの提出頻度及びフィードバック情報を活用し、利用者の状態に応じた個別機能計画の作成（PLAN）、当該計画に基づく個別機能訓練の実施（Do）、当該実施内容の評価（Check）、その評価結果を踏まえた当該計画の見直し・改善（Action）の一連のサイクル（PDCAサイクル）により、サービスの質の管理を行うこと。

　提出された情報については、国民の健康の保持増進及びその有する能力の維持向上に資するため、適宜活用されるものである。

加算項目に「LIFE」を用いる算定要件が含まれる場合、当該項目が含まれる！

c　ADL維持等加算（Ⅰ）又は（Ⅱ）の算定を開始しようとする月の末日
　　　までに、LIFEを用いてADL利得に係る基準を満たすことを確認する
　　　こと。

> ADL維持等加算について（Ⅰ）及び（Ⅱ）は「LIFE」の取組を行った場合が
> 算定要件となります。

ト　令和3年度の評価対象期間は、加算の算定を開始する月の前年の同月か
　　ら12月後までの1年間とする。ただし、令和3年4月1日までに算定基
　　準に適合しているものとして都道府県知事に届出を行う場合については、
　　次のいずれかの期間を評価対象期間とすることができる。
　　a　令和2年4月から令和3年3月までの期間
　　b　令和2年1月から令和2年12月までの期間
チ　令和4年度以降に加算を算定する場合であって、加算を取得する月の前
　　年の同月に、基準に適合しているものとして都道府県知事に届出ている
　　場合には、届出の日から12月後までの期間を評価対象期間とする。

②ADL維持等加算（Ⅲ）について
　改定前の「ADL維持等加算」である。改正前のADL維持等加算に係る届出
を行っている事業所であり、ADL維持等加算（Ⅰ）・（Ⅱ）に係る届出を行って
いないものは、令和5年3月31日まで、このADL維持等加算（Ⅲ）を算定す
ることができる。
※以下、省略する。

○「令和3年度介護報酬改定に関するＱ＆Ａ（Vol.3）（令和3年3月26日）」

○ADL維持等加算（Ⅰ）・（Ⅱ）について
問34　LIFEを用いたBarthel Indexは、合計値でよいのか。

（答）　令和3年度にADL維持等加算を算定する場合に、LIFEを用いて提出するBarthel Indexは合計値でよいが、令和4年度以降にADL維持等加算を算定することを目的として、Barthel Indexを提出する場合は、項目ごとの値を提出する必要がある。

〇ADL維持等加算（Ⅰ）・（Ⅱ）について

問35　事業所又は施設において、評価対象利用期間が6月を超えるとは、どのような意味か。

（答）　サービスの利用にあたり、6月以上のサービス提供に係る計画を策定し、支援を行っていた場合において、計画期間の途中で当該サービスを利用していない月があったとしても、当該月を除いて6月以上利用していれば評価対象に含まれる。

〇ADL維持等加算（Ⅰ）・（Ⅱ）について

問38　これまでADL維持等加算の算定事業所は、国保連合会からの審査結果を踏まえて決定されていたが、このフローはどうなるのか。

（答）　各事業者がLIFEを用いてADL利得が基準を満たすかどうかを確認するため、従来のような国保連合会からの審査結果は送付されない。

〇ADL維持等加算（Ⅰ）・（Ⅱ）について

問40　令和2年度のADL値を遡って入力する際に、過去分のADL値については評価者がﾘﾊﾋﾞﾘﾃｰｼｮﾝ担当者や介護職であり、一定の研修を受けていないが問題はないか。

（答）　令和2年度分のADL値については、適切に評価されていると事業所又は施設が考える値であれば問題ない。令和3年度以降のADL値は、一定の研修を受けた者が測定するものとする。

○ADL維持等加算（Ⅰ）・（Ⅱ）について

問41　同一施設内で予防サービスも行っている。要支援から要介護になった方の評価期間はどうなるのか。

（答）　要支援から要介護になった方については、要介護になった初月が評価対象利用開始月となる。

○「令和3年度介護報酬改定に関するQ＆A（Vol.5）（令和3年4月9日）」

○ADL維持等加算（Ⅰ）・（Ⅱ）について

問5　ADLの評価は、一定の研修を受けた者により、Barthel Index（以下「BI」という。）を用いて行うとあるが、「一定の研修」とは何か。

（答）　一定の研修とは、様々な主体によって実施されるBIの測定方法に係る研修を受講することや、厚生労働省において作成予定のBIに関するマニュアル及びBIの測定についての動画を用いて、BIの測定方法を学習することなどが考えられる。

　　　また、事業所は、BIによる評価を行う職員を、外部・内部の理学療法士、作業療法士、言語聴覚士から指導を受ける研修に定期的に参加させ、その参加履歴を管理するなどにより、BIの測定について、適切な質の管理を図る必要がある。加えて、これまでBIによる評価を実施したことがない職員が、初めて評価を行う場合には、理学療法士等の同席の下、実施する等の対応を行わなければならない。

○「令和3年度介護報酬改定に関するQ＆A（Vol.6）（令和3年4月15日）」

○ADL維持等加算（Ⅰ）・（Ⅱ）について

問3　令和3年度介護報酬改定により、ADL値の測定時期は「評価対象利用開始月」と「当該月の翌月から起算して6月目」となったが、令和3年度にADL維持等加算（Ⅰ）又は（Ⅱ）を算定しようとする場合においても、

ADL値の測定時期は改定後の基準に従うのか。

（答）　令和3年度にADL維持等加算（Ⅰ）又は（Ⅱ）を算定する場合において、令和3年4月1日までに体制届出を行っている場合については、評価対象利用開始月の翌月から起算して6月目の月に測定したADL値を、評価対象利用開始月から起算した6月目の月に測定したADL値をもって代替することとして差し支えない。

‖‖

○「令和3年度介護報酬改定に関するQ＆A（Vol.9）（令和3年4月30日）」

○ ADL維持等加算（Ⅰ）・（Ⅱ）について

問1　令和3年4月よりADL維持等加算（Ⅰ）又は（Ⅱ）の算定を予定していたが、5月10日までにLIFEに令和2年度のデータを提出できず、LIFEを用いて加算の算定基準を満たすかどうかを確認できないが、どのように算定することが可能か。

（答）　令和3年4月よりADL維持等加算（Ⅰ）又は（Ⅱ）の算定を検討しているものの、やむを得ない事情により、5月10日までにLIFEへのデータ提出及び算定基準を満たすことの確認が間に合わない場合、以下の①又は②により、4月サービス提供分の本加算を算定することができる。なお、データ提出が遅れる場合、

①各事業所において、LIFE以外の手法で加算の算定基準を満たすか確認し、その結果に基づいて本加算を算定すること。

　　この場合であっても、速やかに、LIFEへのデータ提出を行い、LIFEを用いて加算の算定基準を満たしているか確認を行うこと。

②5月10日以降に、LIFEへのデータ提出及びLIFEを用いて算定基準を満たすことを確認し、

ー　月遅れ請求とし請求明細書を提出すること。

　　又は

ー　保険者に対して過誤調整の申し立てを行い（4月サービス提供分

の他の加算や基本報酬にかかる請求は通常通り実施）、本取扱い
による加算分を含めて請求明細書を提出すること。
　等の取扱いを行うこと。

つまり、取扱いとして、①「月遅れ請求」か、②通常の保険請求を行った
後「過誤調整」を行うということです。

・なお、このような請求の取扱いについて、利用者から事前の同意を得る必
　要がある。
・また、令和3年5月分及び6月分についても、やむを得ない事情がある場合
　は、同様の対応が可能である。

⑬ サービス提供体制強化加算の見直し【変更】

【関係するサービス：定期巡回・随時対応型訪問介護看護、夜間対応型訪問介
護、訪問入浴介護、訪問看護、訪問リハビリテーション、通所介護、地域密着型通所
介護、療養通所介護、認知症対応型通所介護、通所リハビリテーション、短期入所生
活介護、短期入所療養生活介護、小規模多機能型居宅介護、看護小規模多機
能居宅介護、特定施設入居者生活介護、地域密着型特定施設入居者生活介護、
認知症対応型共同生活介護、介護老人福祉施設、地域密着型介護老人福祉施
設入所者生活介護、介護老人保健施設、介護療養型医療施設、介護医療院】

　サービス提供体制強化加算について、サービスの質の向上や職員のキャリ
アアップを一層推進する観点から、財政中立を念頭に、以下の見直しを行う。
【告示改正】

ア　介護福祉士の割合や介護職員の勤続年数が上昇・延伸していることを踏
　　まえ、各サービス（訪問看護及び訪問リハビリテーションを除く）について、より
　　介護福祉士の割合が高い、又は勤続年数が10年以上の介護福祉士の割

合が一定以上の事業者を評価する**新たな区分を設ける**。その際、同加算が質の高い介護サービスの提供を目指すものであることを踏まえ、当該区分の算定にあたり、施設系サービス及び介護付きホームについては、サービスの質の向上に繋がる取組の一つ以上の実施を求める。

イ　定期巡回型・随時対応型訪問介護看護、通所系サービス、短期入所系サービス、多機能系サービス、居住系サービス、施設系サービスについて、勤続年数要件について、より長い勤続年数の設定に見直すとともに、介護福祉士割合要件の下位区分、常勤職員割合要件による区分、勤続年数要件による区分を統合し、いずれかを満たすことを求める**新たな区分を設定**する。

ウ　夜間対応型訪問介護及び訪問入浴介護について、他のサービスと同様に、介護福祉士の割合に係る要件に加えて、勤続年数が一定期間以上の職員の割合に係る要件を設定し、**いずれかを満たすことを求める**こととする。

エ　訪問看護及び訪問リハビリテーションについて、現行の勤続年数要件の区分に加えて、より長い勤続年数で設定した要件による**新たな区分を設ける**。

【単位数】　　　　　　　　　　　　　　　　　　　　　　　　（単位：単位／日）

	改定前	改定後	増減
サービス提供体制強化加算（Ⅰ）イ	18	×	▲18
サービス提供体制強化加算（Ⅰ）ロ	12	×	▲12
サービス提供体制強化加算（Ⅱ）	6	×	▲6
サービス提供体制強化加算（Ⅰ）	×	22	+22
サービス提供体制強化加算（Ⅱ）	×	18	+18
サービス提供体制強化加算（Ⅲ）	×	6	+6

【算定要件】

○サービス提供体制強化加算（Ⅰ）（新たな最上位区分に該当）

　下記のア・イのいずれかに該当すること。

ア　介護福祉＋70％以上

イ　　勤続10年以上介護福祉士25％以上

○サービス提供体制強化加算（Ⅱ）（改正前の加算（Ⅰ）イに該当）

ア　介護福祉士50％以上

○サービス提供体制強化加算（Ⅲ）（改正前の加算（Ⅰ）ロに該当）

　下記のア・イのいずれかに該当すること。

ア　介護福祉士40％以上

イ　　勤続7年以上30％以上

⑭ 同一建物減算適用時等の区分支給限度基準額の計算方法の適正化【新規】

【通所介護、地域密着型通所介護、療養通所介護、認知症対応型通所介護、通所リハビリテーション、小規模多機能型居宅介護、看護小規模多機能型居宅介護】

　通所系、多機能系サービスについて、利用者の公平性の観点から、同一建物減算適用時の区分支給限度基準額の計算方法の見直しを行う。【告示改正】

　この区分支給限度基準額の計算方法の変更について、同一建物等居住者にサービス提供する場合について、「介護員の移動時間」・「事業所の収支差率」に着目して評価を行う。なお、前回の報酬改定より以下の各居宅サービスについては、すでに区分支給限度基準額の計算方法が見直しされている。

※「前回の介護報酬改定において計算方法が見直しされた居宅サービス」…
訪問介護、訪問入浴介護、訪問看護、訪問リハビリテーション、夜間対応型訪問介護
→「通所介護等の区分支給限度基準額に係る給付管理の取扱いについて」（令和3年3月22日 老人保健課 事務連絡）を参照。

【概要】

○訪問系サービスの同一建物減算に関する取扱いを参考に、以下の対応を行う。

ア　同一建物減算等

　　通所系サービス、多機能系サービスの、同一建物減算等の適用を受ける利用者の区分支給限度基準額の管理について、当該減算を受けている者と、当該減算を受けていない者との公平性の観点から、減算前（同一建物に居住する者以外の者に対して行う場合）の単位数を用いることとする（以下「対象外」の算定項目あり）。

【区分支給限度額管理の対象外の算定項目】

○中山間地域等に居住する者へのサービス提供加算

　（事業所と同一建物に居住する者又は同一建物から利用する者にサービス提供を行う場合）

○サービス提供体制強化加算

○介護職員処遇改善加算

○介護職員等特定処遇改善加算

イ　規模別の基本報酬

　　通所介護、通所リハビリテーションの、大規模型を利用する者の区分支給限度基準額の管理については、通常規模型を利用する者との公平性の観点から、通常規模型の単位数を用いる。

通知・Q＆A関係

○指定居宅サービスに要する費用の額の算定に関する基準（訪を問通所サービス、居宅療養管理指導及び福祉用具貸与に係る部分）及び指定居宅介護支援に要する費用の額の算定に関する基準の制定に伴う実施上の留意事項について（平成12年3月1日 老企第36号）

第2　居宅サービス単位表（訪問介護費から通所リハビリテーション費まで及び福祉用具貸与費に係る部分に限る。）に関する事項

7　通所介護費

（２０）事業所と同一建物に居住する利用者又は同一建物から通う利用者に通所介護を行う場合について※抜粋

①同一建物の定義

　注21における「同一建物」とは、当該指定通所介護事業所と構造上又は外形上、一体的な建築物を指すものであり、具体的には、当該建物の1階部分に指定通所介護事業所がある場合や、当該建物と渡り廊下等で繋がっている場合が該当し、同一敷地内にある別棟の建築物や道路を挟んで隣接する場合は該当しない。

　また、ここでいう同一建物については、当該建築物の管理、運営法人が当該指定通所介護事業所の指定通所介護事業者と異なる場合であっても該当するものであること。

②（省略）

⑮ サービス付き高齢者向け住宅等における適正なサービス提供の確保【新規】

→「居宅介護支援」⑦を参照のこと。

「地域支援事業の成り立ち」ご存じですか？

　平成27年度に地域支援事業が開始されました（経過期間は3年間）。この地域支援事業は、意見として介護保険における介護予防を「全て事業として移管」という考え方もありました。しかし、結果として地域支援事業に移管されたのは「予防訪問介護」と「予防通所介護」の2事業でした。

　この**地域支援事業では、事業移管された地方公共団体において、いかに「地域資源」を利用するのか**という点がキモでした。では、「地域資源」とは何でしょうか。「地域資源」とは、地域のお元気な高齢者やボランティアの方々を指します。簡単に言うなら、この方々に地域で活躍いただくことにより、**「保険」から「事業」に移管**させようとすることが目的なのです。

　では、なぜこの2事業だけが介護保険から地域支援事業に移管されたのでしょうか。それは、**介護予防の判定を受けた方のサービスを考えると明解**です。この前述の方々は恐らく、**「訪問介護事業」**に該当する方々なら、お掃除や洗濯、食事の準備等を中心とした生活支援、**「通所介護事業」**なら、見守りやお話の相手**なのでしょう。反面、それ以外の事業、つまり**「予防訪問看護」や「予防訪問リハビリテーション」**に、これらの方々に事業として、その業務にあたるのは、責任の所在の観点からも、相応しくありません。**

　このように、「制度の移管」には、必ず背景があります。このような考え方を行うようにすれば、こういった制度についても覚えやすくなるはずです。

2 通所リハビリテーション

① 基本報酬【変更】

【関係するサービス：通所リハビリテーション】

【単位数】

※単位数の記載は省略。

通知・Q＆A関係 ∭∭

○指定居宅サービスに要する費用の額の算定に関する基準（訪問通所サービス、居宅療養管理指導及び福祉用具貸与に係る部分）及び指定居宅介護支援に要する費用の額の算定に関する基準の制定に伴う実施上の留意事項について（平成12年3月1日 老企第36号）

第2　居宅サービス単位表（訪問介護費から通所リハビリテーション費まで及び福祉用具貸与費に係る部分に限る。）に関する事項

8　通所リハビリテーション費

（9）指定通所リハビリテーションの提供について

①（省略）

②指定通所リハビリテーションは、指定通所リハビリテーション事業所の医師の診療に基づき、通所リハビリテーション計画を作成し、実施することが原則であるが、例外として、医療保険の脳血管疾患等リハビリテーション料、廃用症候群リハビリテーション料又は運動器リハビリテーション料を算定すべきリハビリテーションを受けていた患者が、介護保険の指定訪問リハビリテーションへ移行する際に、「リハビリテーション・個別機能訓練、栄養管理及び口腔管理の実施に関する基本的な考え方並びに事務処理手順及び様式例の提示について」の別紙様式2-2-1をもって、保険医療機関から当該事業所が情報提供を受け、当該事業所の医師が利用者を診察するとともに、別紙様式2-2-1に記載された内容について確認し、指定訪問リハビリテーションの提供を開始しても差し支えないと判断した場合には、別紙様式2-2-1をリハビリテーション計画書とみなして通所リハビリテーション費の算定を開始してもよいこととする。

　なお、その場合であっても、算定開始の日が属する月から起算して３月以内に、当該事業所の医師の診療に基づいて、次回のリハビリテーション計画を作成する。

③指定訪問リハビリテーション事業所の医師が、指定通所リハビリテーションの実施にあたり当該事業所の理学療法士、作業療法士又は言語聴覚士に対し、当該リハビリテーションの目的に加えて、当該リハビリテーション開始前又は実施中の留意事項、やむを得ず当該リハビリテーションを中止する際の基準、当該リハビリテーションにおける利用者に対する負荷等のうちいずれか１以上の指示を行う。

④③における指示を行った医師又は当該指示を受けた理学療法士、作業療法士若しくは言語聴覚士が、当該指示に基づき行った内容を明確に記録する。

⑤通所リハビリテーション計画の進捗状況を定期的に評価し、必要に応じて当該計画を見直す。初回の評価は、通所リハビリテーション計画に基づくリハビリテーションの提供開始から概ね２週間以内にその後は概ね３月ごとに評価を行う。

⑥指定通所リハビリテーション事業所の医師が利用者に対して３月以上の指定訪問リハビリテーションの継続利用が必要と判断する場合には、リハビリテーション計画書に指定通所リハビリテーションの継続利用が必要な理由、具体的な終了目安となる時期、その他指定居宅サービスの併用と移行の見通しを記載し、本人・家族に説明を行う。

⑦新規に通所リハビリテーション計画を作成した利用者に対して、指定通所リハビリテーション事業所の医師又は医師の指示を受けた理学療法士、作業療法士又は言語聴覚士が、当該計画に従い、指定通所リハビリテーションの実施を開始した日から起算して１月以内に、当該利用者の居宅を訪問し、診療、運動機能検査、作業能力検査等を行うよう努めることが必要である。

⑧指定通所リハビリテーション事業所の理学療法士、作業療法士又は言語聴覚士が、介護支援専門員を通じて、指定訪問介護の事業その他の指導居宅サービスに該当する事業に係る従業員に対し、リハビリテーションの観点から、日常生活上の留意点、介護の工夫などの情報を伝達する。

○リハビリテーション計画書

問22 報酬告示又は予防報酬告示の留意事項通知において、医療保険から介護保険のリハに移行する者の情報提供に当たっては「リハマネ加算等に関する基本的な考え方並びにリハ計画書等の事務処理手順及び様式例の提示について」（令和3年3月16日老老発0316第3号）の別紙様式2-2-1を用いることとされている。別紙様式2-2-1はBarthel Indexが用いられているが、情報提供をする医師と情報提供を受ける医師との間で合意している場合には、FIM（Functional Independence Measure）を用いて評価してもよいか。

（答） ・医療保険から介護保険のリハに移行する者の情報提供に当たっては別紙様式2-1を用いる必要があるが、Barthel Indexの代替としてFIMを用いる場合に限り変更を認める。

・なお、様式の変更に当たっては、本件のように情報提供をする医師と情報提供を受ける医師との間で事前の合意があることが必要である。

○算定の基準について

問36 「指定居宅サービス等及び指定介護予防サービス等に関する基準について」（平成11年9月17日老企第25号）において、通所リハビリテーションは一定の条件のもと事業所の屋外でのサービスを提供できるものであるとされているが、この条件を満たす場合には公共交通機関の利用や買い物等のリハビリテーションサービスの提供も可能か。

（答） 可能。また、事業所の敷地外でサービスを提供する際には、サービス提供場所との往復を含め、常時従事者が付添い、必要に応じて速やかに当該事業所に連絡、搬送できる体制を確保する等、安全性を十分配慮すること。

② 通所介護等の事業所規模別の報酬等に関する対応【新規】

→「通所介護」②を参照のこと。

③ 訪問介護における通院等乗降介助の見直し【変更】

→「訪問介護」④を参照のこと。

④ リハビリテーション・機能訓練、口腔、栄養の一体的な推進【新規】

→「訪問リハビリテーション」②を参照のこと。

⑤ リハビリテーションマネジメント加算の見直し【変更・新規】

　自立支援・重度化防止に向けた更なる質の高い取組を促す観点から、リハビリテーションマネジメント加算について、以下の見直しを行う。

ア　報酬体系の簡素化と事務負担軽減の観点から、算定率の高いリハビリテーションマネジメント加算（Ⅰ）及び介護予防訪問・通所リハビリテーションのリハビリテーションマネジメント加算を廃止し、同加算の算定要件は基本報酬の算定要件とし、基本報酬で評価を行う。【告示改正】

イ　訪問リハビリテーションにおける同加算と通所リハビリテーションの同加算の評価の整合性を図る観点から、リハビリテーションマネジメント加算（Ⅱ）及び（Ⅲ）の評価の見直しを行う。【告示改正】

ウ　令和3年度からのLIFEの一体的な運用に伴い、リハビリテーションマネジメント加算（Ⅳ）を廃止するとともに、定期的なリハビリテーション会議によるリハビリテーション計画の見直しが要件とされているリハビリテーションマネジメント加算（Ⅱ）及び（Ⅲ）それぞれにおいて、事業所がLIFEへのデータを提出しフィードバックを受け、PDCAサイクルを推進することを評価する【告示改正】

エ　LIFEへの利用者情報の入力負担の軽減及びフィードバックに適するデータを優先的に収集する観点から、リハビリテーション実施計画書の項目につ

いて、LIFEにデータ提供する場合の必須項目と任意項目を定める。【通知改正】

オ　リハビリテーションマネジメント加算の算定要件の一つである「定期的な会議の開催」について、利用者の了解を得たうえで、テレビ会議等の対面を伴わない方法により開催することを可能とする。【通知改正】

【単位数】　　　　　　　　　　　　　　　　　　　　　　　　　　　　　　　（単位：単位／月）

	改定前	改定後	増減
~~リハビリテーションマネジメント加算（Ⅰ）~~	330	×	▲330
~~リハビリテーションマネジメント加算（Ⅱ）~~ ※同意日の属する月から6月以内	850	×	▲850
~~リハビリテーションマネジメント加算（Ⅱ）~~ ※同意日の属する月から6月超	530	×	▲530
リハビリテーションマネジメント加算 (A) イ ※同意日の属する月から6月以内	×	560	+560
リハビリテーションマネジメント加算 (A) イ ※同意日の属する月から6月超	×	240	+240
リハビリテーションマネジメント加算 (A) ロ ※同意日の属する月から6月以内	×	593	+593
リハビリテーションマネジメント加算 (A) ロ ※同意日の属する月から6月超	×	273	+273
~~リハビリテーションマネジメント加算（Ⅲ）~~ ※同意日の属する月から6月以内	1,120	×	▲1,120
~~リハビリテーションマネジメント加算（Ⅲ）~~ ※同意日の属する月から6月超	800	×	▲800
リハビリテーションマネジメント加算 (B) イ ※同意日の属する月から6月以内	×	830	+830
リハビリテーションマネジメント加算 (B) イ ※同意日の属する月から6月超	×	510	+510
~~リハビリテーションマネジメント加算（Ⅳ）~~ ※同意日の属する月から6月以内	1,220	×	▲1,220
~~リハビリテーションマネジメント加算（Ⅳ）~~ ※同意日の属する月から6月超	900	×	▲900
リハビリテーションマネジメント加算 (B) ロ ※同意日の属する月から6月以内	×	863	+863
リハビリテーションマネジメント加算 (B) ロ ※同意日の属する月から6月超	×	543	+543
（介護予防）　~~リハビリテーションマネジメント加算~~	330	×	▲330

【算定要件】

○　リハビリテーションマネジメント加算 (A) イ

> 改定前の加算 (Ⅱ) と同様の要件！

i　医師はリハビリテーション実施にあたり詳細な指示を行う。さらに医師の指示内容を記録すること。

ii　リハビリテーション会議 (テレビ会議可) を開催し、利用者の状況等を構成員と共有し、会議内容を記録すること。

iii　3月に1回以上、リハビリテーション会議を開催し、利用者の状態の変化に応じ、リハビリテーション計画書を見直すこと。

iv　PT、OT又はSTが介護支援専門員に対し、利用者の有する能力、自立のために必要な支援方法及び日常生活上の留意点に関する情報提供を行うこと。

v　PT、OT又はSTが (指定居宅サービス従業員と) 利用者の居宅を訪問し、その家族 (当該従業員) に対し、介護の工夫に関する指導及び日常生活上の留意点に関する助言を行うこと。

vi　リハビリテーション計画について、計画作成に関与したPT、OT又はSTが説明し、同意を得るとともに、医師へ報告すること。

vii　上記に適合することを確認し、記録すること。

○　リハビリテーションマネジメント加算 (A) ロ

> 改定前の加算 (Ⅱ) と同様の要件に2項目追加！

・加算 (A) イのi〜viiの全ての要件に適合すること。

・利用者ごとの訪問リハビリテーション計画書等の内容等の情報を厚生労働省に提出し、リハビリテーションの提供にあたって、当該情報その他リハビリテーションの適切かつ有効な実施のために必要な情報を活用していること (LIFEへのデータ提出とフィードバックの活用)。

○　ﾘﾊﾋﾞﾘﾃｰｼｮﾝﾏﾈｼﾞﾒﾝﾄ加算 (B) イ

改定前の加算 (Ⅲ) と同様の要件！

・加算 (A) イの i 〜 v の要件に適合すること。

・ﾘﾊﾋﾞﾘﾃｰｼｮﾝ計画について、医師が利用者又は家族に対して説明し、同意を得ること。

・上記に適合することを確認し、記録すること。

○　ﾘﾊﾋﾞﾘﾃｰｼｮﾝﾏﾈｼﾞﾒﾝﾄ加算 (B) ロ

改定前の加算 (Ⅳ) と同様の要件！

・加算 (B) イの要件に適合すること。

・利用者ごとの訪問ﾘﾊﾋﾞﾘﾃｰｼｮﾝ計画書等の内容等の情報を厚生労働省に提出し、ﾘﾊﾋﾞﾘﾃｰｼｮﾝの提供にあたって、当該情報その他ﾘﾊﾋﾞﾘﾃｰｼｮﾝの適切かつ有効な実施のために必要な情報を活用していること (LIFE へのデータ提出とフィードバックの活用)。

○　(介護予防) ﾘﾊﾋﾞﾘﾃｰｼｮﾝﾏﾈｼﾞﾒﾝﾄ加算
　　・廃止

・LIFE へのデータ提供の内容について (加算 (A) ロ・加算 (B) ロ)

　　LIFE への入力負担の軽減及びフィードバックにより適するデータを優先的に収集する観点から、ﾘﾊﾋﾞﾘﾃｰｼｮﾝ計画書の項目について、データ提出する場合の必須項目と任意項目を設定。

・ﾘﾊﾋﾞﾘﾃｰｼｮﾝ会議の開催について

　　ﾘﾊﾋﾞﾘﾃｰｼｮﾝﾏﾈｼﾞﾒﾝﾄ加算の算定要件の一つである「定期的な会議の開催」について、利用者の了解を得たうえで、テレビ会議等の対面を伴わない方法により開催することを可能とする。

通知・Q＆A関係

○指定居宅サービスに要する費用の額の算定に関する基準（訪問通所サービス、居宅療養管理指導及び福祉用具貸与に係る部分）及び指定居宅介護支援に要する費用の額の算定に関する基準の制定に伴う実施上の留意事項について（平成12年3月1日 老企第36号）

第2　居宅サービス単位表（訪問介護費から通所リハビリテーション費まで及び福祉用具貸与費に係る部分に限る。）に関する事項

8　通所リハビリテーション

（11）リハビリテーションマネジメント加算について

①～⑥（省略）

⑦大臣基準第25号ロ（2）及びニ（2）に規定する厚生労働省への情報の提出については、「科学的介護情報システム」（以下「LIFE」という。）を用いて行うこととする。LIFEへの提出情報、提出頻度等については、「科学的介護情報システム（LIFE）関連加算に関する基本的考え方並びに事務処理手順及び様式例の提示について」（令和3年3月16日老老発0316第4号）を参照されたい。

　サービスの質の向上を図るため、LIFEへの提供情報及びフィードバック情報を活用し、SPDCAサイクルにより、サービスの質の管理を行うこと。

　提出された情報については、国民の健康の保持増進及びその有する能力の維持向上に資するため、適宜活用されるものである。

> 加算項目に「LIFE」を用いる算定要件が含まれる場合、当該項目が含まれる！

○「令和3年度介護報酬改定に関するQ＆A（Vol.2）（令和3年3月23日）」

○リハビリテーションマネジメント加算

問3　リハビリテーションマネジメント加算（A）（B）における理学療法士、作業療法士又は言語聴覚士による訪問時間は人員基準の算定外となるか。

（答）　訪問時間は、通所リハビリテーション、病院、診療所及び介護老人保健施設、介

護医療院の人員基準の算定に含めない。

○リハビリテーションマネジメント加算

問4 　一事業所が、利用者によってリハビリテーションマネジメント加算（A）イ又はロ若しくは（B）イ又はロを取得するということは可能か。

（答）　利用者の状態に応じて、一事業所の利用者ごとにリハビリテーションマネジメント加算（A）イ又はロ若しくは（B）イ又はロを取得することは可能である。

○「令和3年度介護報酬改定に関するQ＆A（Vol.5）（令和3年4月9日）」

○科学的介護推進体制加算について

問4 　LIFEに提出すべき情報は「科学的介護情報システム（LIFE）」関連加算に関する基本的考え方並びに事務処理手順及び様式例の提示について」（令和3年3月16日老老発0316第4号）の各加算の様式例において示されるが、利用者又は入所者の評価等にあたっては、当該様式例を必ず用いる必要があるのか。

（答）　「科学的介護情報システム（LIFE）」関連加算に関する基本的考え方並びに事務処理手順及び様式例の提示について」（令和3年3月16日老老0316第4号）において示しているとおり、評価等が算定要件において求められるものについては、それぞれの加算で求められる項目（様式で定められた項目）についての評価等が必要である。

　　　ただし、同通知はあくまでもLIFEへの提出項目を示したものであり、利用者又は入所者の評価等において各加算における様式と同一のものを用いることを求めるものではない。

⑥ 社会参加支援加算の見直し【変更】

【関係するサービス：訪問リハビリテーション、通所リハビリテーション】

　社会参加支援加算について、算定要件である「社会参加への移行状況」の達成状況等を踏まえ、利用者に対する適時・適切なリハビリテーションの提供を一層促

進する観点から、以下の見直しを行う。【告示改正】

ア 算定要件である、社会参加への移行状況の計算式と、リハビリテーションの利用回転率について、実情に応じて見直す。

イ リハビリテーションの提供終了後、一定期間内に居宅訪問等により社会参加への移行が3月以上継続する見込みであることを確認する算定要件について、提供終了後1月後の移行の状況を電話等で確認することに変更する。また、移行を円滑に進める観点から、リハビリテーション計画書を移行先の事業所に提供することを算定要件に加える。

ウ 加算の趣旨や内容を踏まえて、加算の名称を「移行支援加算」とする。

【単位数】 (単位:単位/月)

	改定前	改定後	増減
社会参加支援加算	12	×	▲12
移行支援加算	×	12	+12

【算定要件】※変更なし

ア 評価対象期間において訪問リハ終了者のうち、指定通所介護、指定通所リハ、指定地域密着型通所介護が、3/100を超えていること。

イ リハビリテーションの利用回転率(12月/平均利用延月数≧27%)であること。

ウ 評価対象期間中に指定訪問リハの提供を終了した日から起算して14日以降44日以内に、リハビリテーション終了者に対して、電話等により、指定通所介護等の実施状況を確認し、記録すること。

エ リハビリテーション終了者が指定通所介護等の事業所へ移行するにあたり、当該利用者のリハビリテーション計画書を移行先の事業所に提供すること。

⑦ 生活行為向上リハビリテーション実施加算の見直し【変更】

【関係するサービス:通所リハビリテーション】

生活行為向上リハビリテーション実施加算について、廃用症候群や急性増悪等に

よって生活機能が低下した利用者に対する、適時適切なリハビリテーションの提供を一層促進する観点から、事業所の加算を取得しない理由等も踏まえ、以下の見直しを行う。【告示改正】

【単位数】 (単位：単位／月)

	改定前	改定後	増減
生活行為向上リハビリテーション実施加算 ※3月以内	2,000	×	▲2,000
生活行為向上リハビリテーション実施加算 ※指定通所リハビリテーションの利用を開始した日の属する月から起算して6月以内	1,000	1,250	+250
継続利用減算 ※当該翌月～6月以内	▲15/100 減算	×	廃止

ア　加算算定後に継続利用する場合の減算を廃止する。

イ　生活行為向上リハビリテーションの実施開始から3月以内と3月以上6月以内で階段状になっている単位数を単一（現行の3月以内より低く設定）にする（簡易にする趣旨）。

ウ　活動と参加の取組を促進する観点から、同加算の利用者の要件や取組の内容について明確化する。

【算定要件】※オの項目のみ変更

ア　生活行為の内容の充実を図るための専門的な知識や経験を有する作業療法士、生活行為の内容の充実を図るための研修を修了した理学療法士、言語聴覚士が配置されていること。

イ　生活行為の内容の充実を図るための目標や、目標を踏まえたリハビリテーションの実施頻度、実施場所等が記載されたリハビリテーション実施計画を定めて、リハビリテーションを提供すること。

ウ　当該計画で定めたリハビリテーションの実施期間中及びリハビリテーションの提供終了日1月以内にリハビリテーション会議を開催し、目標の達成状況を報告すること。

エ　リハビリテーションマネジメント加算（A）・（B）のいずれかを算定していること（通所リ

ﾊﾋﾞﾘﾃｰｼｮﾝのみ）。

オ　指定通所リハビリテーション事業所の医師又は医師の指示を受けた理学療法士、作業療法士又は言語聴覚士が当該利用者の居宅を訪問し生活行為に関する評価を概ね1月に1回以上実施すること。

⑧ リハビリテーション計画書と個別機能訓練計画書の書式の見直し【変更】

→「訪問リハビリテーション」⑥を参照のこと。

⑨ 通所リハビリテーションの入浴介助加算の見直し【変更・新規】

【関係するサービス：通所介護リハビリテーション】

　通所リハビリテーションにおける入浴介助加算について、利用者の自宅での入浴の自立を図る観点から、以下の見直しを行う。【告示改正】

ア　利用者が自宅において、自身又は家族等の介助によって入浴を行うことができるよう、利用者の身体状況や医師・理学療法士・作業療法士・介護支援専門員等が訪問により把握した利用者宅の浴室の環境を踏まえた個別の入浴計画を医師との連携の下に作成し、同計画に基づき事業所において個別の入浴介助を行うことを評価する新たな区分を設ける。

イ　現行相当の加算区分については、現行の入浴介助加算は多くの事業所で算定されていることを踏まえ、また、新たな加算区分の取組を促進する観点から、評価の見直しを行う。

【単位数】　　　　　　　　　　　　　　　　　　　　　　　　　（単位：単位／月）

	改定前	改定後	増減
入浴介助加算	50	×	▲50
入浴介助加算（Ⅰ）	×	40	+40
入浴介助加算（Ⅱ）	×	60	+60

※入浴介助加算（Ⅰ）と入浴介助加算（Ⅱ）とは併算定不可。

【算定要件】

○入浴介助加算（Ⅰ）※現行の入浴介助加算と算定要件は同様。

ア　入浴介助を適切に行うことができる人員及び設備を有して行われる入浴介助であること。

○入浴介助加算（Ⅱ）※要件イ〜エが新たに定められた。

ア　入浴介助を適切に行うことができる人員及び設備を有して行われる入浴介助であること。

イ　医師、理学療法士、作業療法士、介護福祉士、介護支援専門員（以下「医師等」という。）が利用者の居宅を訪問し、浴室での利用者の動作及び浴室の環境を評価していること。この際、利用者の居宅の浴室が、利用者自身又は家族等の介助により入浴を行うことが難しい環境にある場合は、訪問した医師等が、介護支援専門員・福祉用具専門相談員と連携し、福祉用具の貸与・購入・住宅改修等の浴室の環境整備に係る助言を行うこと。

ウ　利用者の居宅を訪問した医師等と連携の下で、利用者の身体の状況や訪問により把握した利用者の居宅の浴室の環境等を踏まえた個別の入浴計画を作成すること。

エ　入浴計画に基づき、個浴その他の利用者の居宅の状況に近い環境にて、入浴介助を行うこと。

通知・Q＆A関係

○指定居宅サービスに要する費用の額の算定に関する基準（訪問通所サービス、居宅療養管理指導及び福祉用具貸与に係る部分）及び指定居宅介護支援に要する費用の額の算定に関する基準の制定に伴う実施上の留意事項について（平成12年3月1日 老企第36号）

第2　居宅サービス単位表（訪問介護費から通所リハビリテーション費まで及び福祉用具貸与費に係る部分に限る。）に関する事項

8　通所リハビリテーション費

（10）入浴介助加算について

ア　入浴介助加算（Ⅰ）について

①入浴介助加算（Ⅰ）は、入浴中の利用者の観察を含む介助を行う場合について算定されるものである（大臣基準告示第24の4）が、この場合の「観察」とは、自立生活支援のための見守り的援助のことであり、利用者の自立支援や日常生活動作能力などの向上のために、極力利用者自身の力で入浴し、必要に応じて介助、転倒予防のための声掛け、気分の確認などを行うことにより、結果として身体に直接接触する介助を行わなかった場合についても、加算の対象となるものであること。なお、この場合の入浴には、利用者の自立生活を支援するうえで最適と考えられる入浴手法が、部分浴（シャワー浴含む）や清拭である場合は、これを含むものとする。

②通所リハビリテーション計画上、入浴を位置付けられている場合に、利用者側の事情により、入浴を実施しなかった場合については、加算を算定できない。

イ　入浴介助加算（Ⅱ）について

①ア①及び②を準用する。この場合において、ア①の「入浴介助加算（Ⅰ）」は、「入浴介助加算（Ⅱ）」に読み替えるものとする。

②入浴介助加算（Ⅱ）は、利用者が居宅において、自身で又は家族若しくは居宅で入浴介助を行うことが想定される訪問介護員等の介助によって入浴ができるようになることを目的とし、以下a〜cを実施することを評価するものである。なお、入浴介助加算（Ⅱ）の算定に関係する者は、利用者の状態に応じ、自身で又は家族・訪問介護員等の介助により尊厳を保持しつつ入浴ができるようになるためには、どのような介護技術を用いて行うことが適切であるかを念頭に置いたうえで、a〜cを実施する。

a　医師、理学療法士、作業療法士、介護福祉士、介護支援専門員等が利用者の居宅を訪問し、利用者の状態を踏まえ、浴室における当該利用者の動作及び浴室の環境を評価する。その際、当該利用者の居宅を訪問し評価した者が、入浴に係る適切な介護技術に基づいて、利用者の動作を踏まえ、利用者自身で又は家族・訪問介護員等の介助により入浴を行うことが可能であると判断した場合、指定利用者の居宅を訪問し評価した者が、指定通所リハビリテーション事業所従業員以外の者である場合

は、書面等を活用し、十分な情報共有を行うよう留意すること。

b 指定通所リハビリテーション事業所の理学療法士、作業療法士又は言語聴覚士が、医師と連携の下で、当該利用者の身体の状況や訪問により把握した当該利用者の浴室の環境等を踏まえた個別の入浴計画を作成する。なお、個別の入浴計画に相当する内容を通所リハビリテーション計画の中に記載する場合は、その記載をもって個別の入浴計画の作成に代えることができる。

c bの入浴計画に基づき、個浴その他の利用者の居宅の状況に近い環境にて、入浴介助を行う。なお、この場合の「個浴その他の利用者の居宅の状況に近い環境」とは、手すりなど入浴に要する福祉用具等を活用し利用者の居宅の浴室の環境を個別に模したものとして差し支えない。また、入浴介助を行う際は、関係計画等の達成状況や利用者の状態を踏まえて、自身で又は家族・訪問介護員等の介助によって入浴することができるようになるよう、必要な介護技術の習得に努め、これを用いて行われるものであること。なお、必要な介護技術の習得にあたっては、既存の研修等を参考にすること。

○「令和3年度介護報酬改定に関するQ&A（Vol.8）（令和3年4月26日）」

○入浴介助加算（Ⅱ）

問1 入浴介助加算（Ⅱ）は、利用者が居宅において利用者自身で又は家族等の介助により入浴を行うことができるようになることを目的とするものであるが、この場合の「居宅」とは、どのような場所が想定されるのか。

（答） 利用者の自宅（高齢者住宅（居室内の浴室を使用する場合のほか、共同の浴室を使用する場合も含む。）を含む。）のほか、利用者の親族の自宅が想定される。なお、浴室がない等、具体的な入浴場面を想定していない利用者や、本人が希望する場所で入浴するには心身機能の大幅な

改善が必要となる利用者にあっては、以下①～⑤を全て満たすことにより、当面の目標をして通所介護等での入浴の自立を図ることを目的として、同加算を算定することとしても差し支えない。

①通所介護等事業所の浴室において、医師、理学療法士、作業療法士、介護福祉士、介護支援専門員等（利用者の動作及び浴室の環境の評価を行うことができる福祉用具専門相談員、機能訓練指導員を含む。）が利用者の動作を評価する。

②通所介護等事業所において、自立して入浴することができるよう必要な設備（入浴に関する福祉用具等）を備える。

③通所介護等事業所の機能訓練指導員等が共同して、利用者の動作を評価した者等との連携の下で、当該利用者の身体の状況や通所介護等事業所の浴室の環境等を踏まえて個別の入浴計画を作成する。なお、個別の入浴計画に相当する内容を通所介護計画の中に記載する場合は、その記載をもって個別の入浴計画の作成に代えることができるものとする。

④個別の入浴計画に基づき、通所介護等事業所において、入浴介助を行う。

⑤入浴設備の導入や心身機能の回復等により、通所介護等以外の場面での入浴が想定できるようになっているかどうか、個別の利用者の状況に照らし確認する。

○入浴介助加算（Ⅱ）

問2　入浴介助加算（Ⅱ）について、医師、理学療法士、作業療法士、介護福祉士、介護支援専門員等（利用者の動作及び浴室の環境の評価を行うことができる福祉用具専門相談員、機能訓練指導員を含む。）が利用者の居宅を訪問し、浴室における当該利用者の動作及び浴室の環境を評価することとなっているが、この他に評価を行うことができる者としてどのような者が想定されるか。

（答）　地域包括支援センターの担当職員、福祉・住環境コーディネーター2級以上の者等が想定される。

○入浴介助加算（Ⅱ）

問3　入浴介助加算（Ⅱ）については、算定にあたって利用者の居宅を訪問
　　　し、浴室における当該利用者の動作及び浴室の環境を評価することと
　　　なっているが、この評価は算定開始後も定期的に行う必要があるのか

（答）　当該利用者の身体状況や居宅の浴室の環境に変化が認められた場合に
　　　再評価や個別の入浴計画の見直しを行うこととする。

○入浴介助加算（Ⅰ）及び（Ⅱ）

問6　同一事業所において、入浴介助加算（Ⅰ）を算定する者と入浴介助加算
　　　（Ⅱ）を算定する者が混在しても差し支えないか。また、混在しても差
　　　し支えない場合、〜省略〜定める「介護給付費算定に係る体制等状況
　　　一覧表（居宅サービス・施設サービス・居宅介護支援）」等は、どのよう
　　　に記載させればよいか。

（答）　前段については、差し支えない。後段については、「加算Ⅱ」と記載さ
　　　せることとする。（「加算Ⅱ」と記載した場合であっても、入浴介助加算
　　　（Ⅰ）を算定することは可能である）

⑩ 通所系サービス等における口腔機能向上の取組の充実【新規】

→「通所介護」⑩を参照のこと。

⑪ 通所系サービス等における栄養ケア・マネジメントの充実【新規・変更】

→「通所介護」⑪を参照のこと。

⑫ サービス提供体制強化加算の見直し【変更】

【関係するサービス：定期巡回・随時対応型訪問介護看護、夜間対応型訪問介
護、訪問入浴介護、訪問看護、訪問リハビリテーション、通所介護、地域密着型通所
介護、療養通所介護、認知症対応型通所介護、通所リハビリテーション、短期入所生

活介護、短期入所療養生活介護、小規模多機能型居宅介護、看護小規模多機能居宅介護、特定施設入居者生活介護、地域密着型特定施設入居者生活介護、認知症対応型共同生活介護、介護老人福祉施設、地域密着型介護老人福祉施設入所者生活介護、介護老人保健施設、介護療養型医療施設、介護医療院】

　サービス提供体制強化加算について、サービスの質の向上や職員のキャリアアップを一層推進する観点から、財政中立を念頭に、以下の見直しを行う。【告示改正】

ア　介護福祉士の割合や介護職員の勤続年数が上昇・延伸していることを踏まえ、各サービス（訪問看護及び訪問ﾘﾊﾋﾞﾘﾃｰｼｮﾝを除く）について、より介護福祉士の割合が高い、又は勤続年数が10年以上の介護福祉士の割合が一定以上の事業者を評価する**新たな区分を設ける**。その際、同加算が質の高い介護サービスの提供を目指すものであることを踏まえ、当該区分の算定にあたり、施設系サービス及び介護付きホームについては、サービスの質の向上に繋がる取組の一つ以上の実施を求める。

イ　定期巡回型・随時対応型訪問介護看護、通所系サービス、短期入所系サービス、多機能系サービス、居住系サービス、施設系サービスについて、勤続年数要件について、より長い勤続年数の設定に見直すとともに、介護福祉士割合要件の下位区分、常勤職員割合要件による区分、勤続年数要件による区分を統合し、いずれかを満たすことを求める**新たな区分を設定**する。

ウ　夜間対応型訪問介護及び訪問入浴介護について、他のサービスと同様に、介護福祉士の割合に係る要件に加えて、勤続年数が一定期間以上の職員の割合に係る要件を設定し、**いずれかを満たすことを求める**こととする。

エ　訪問看護及び訪問ﾘﾊﾋﾞﾘﾃｰｼｮﾝについて、現行の勤続年数要件の区分に加えて、より長い勤続年数で設定した要件による**新たな区分を設ける**。

	改定前	改定後	増減
~~サービス提供体制強化加算（Ⅰ）イ~~	18	×	▲18
~~サービス提供体制強化加算（Ⅰ）ロ~~	12	×	▲12
~~サービス提供体制強化加算（Ⅱ）~~	6	×	▲6
サービス提供体制強化加算（Ⅰ）	×	22	+22
サービス提供体制強化加算（Ⅱ）	×	18	+18
サービス提供体制強化加算（Ⅲ）	×	6	+6

※介護予防は省略。

【算定要件】

○サービス提供体制強化加算（Ⅰ）（新たな最上位区分に該当）

　下記のア・イのいずれかに該当すること。

ア　介護福祉士70％以上

イ　勤続10年以上介護福祉士25％以上

○サービス提供体制強化加算（Ⅱ）（改正前の加算（Ⅰ）イに該当）

ア　介護福祉士50％以上

○サービス提供体制強化加算（Ⅲ）（改正前の加算（Ⅰ）ロに該当）

　下記のア・イのいずれかに該当すること。

ア　介護福祉士40％以上

イ　勤続7年以上30％以上

⑬ 同一建物減算適用時等の区分支給限度基準額の計算方法の適正化【新規】

→「通所介護」⑭を参照のこと。

⑭ 期間利用の介護予防リハビリテーションの適正化【新設】※予防のみ

【関係するサービス：介護予防訪問リハビリテーション、介護予防通所リハビリテーション】

　近年の受給者数や利用期間及び利用者のADL等を踏まえ、適切なサービス提供とする観点から、介護予防サービスにおけるリハビリテーションについて、利用期間から一定期間経過した後の評価の見直しを行う。【告示改正】

【単位数】　　　　　　　　　　　　　　　　　　　　　　　　　（単位：単位／月）

	改定前	改定後	介護度	増減
利用開始日の属する月から12月超 ※予防	×	▲20 ▲40	要支援1 要支援2	▲20 ▲40

⑮ サービス付き高齢者向け住宅等における適正なサービス提供の確保【新規】

→「居宅介護支援」⑦を参照のこと。

コラム⑥ 介護報酬における加算の取扱いの常道とは？

　第186回　社会保障審議会介護給付費分科会（令和2年9月30日開催）に次の記載がありました。「各種加算の算定状況①（2か年平均算定率80%以上）」の項目では、表題のとおり、事業者が加算を80%算定している項目が並んでいます。

　加算の項目は、政策誘導の趣旨から設定されたものであり、ある意味、事業所による加算の算定率が「80%以上」も算定されている加算項目は、「その目的を達成した」ものとして、基本報酬の算定要件に組み込まれる可能性があるということです。

　今回の介護報酬改定でも、多くの加算が作り出されたが、今回特に「科学的介護推進加算」は、事業所にとって「非常に算定しやすい」算定要件であると私は思います。これは、これだけ算定しやすい算定要件であるということは、厚生労働省が「エビデンスに基づく科学的介護を推進」し、力を入れていくということに他なりません。

　では、ここでこの流れに乗らず、**「科学的介護推進加算」を算定しないと判断した事業者の将来はどうなるのでしょうか。仮にですが、周りの事業者が同加算を算定し、結果として、前述のように80%以上の事業所が、当該加算を算定したとしましょう。その状況から当該加算について「基本報酬の算定要件」として組み込まれたのであれば、その加算を算定しなかった事業者の事業継続性は危ぶまれるものとなる**のでしょう。

　社会保障制度は、制度ビジネスです。そういった意味では、事業者として制度の内容を良く理解し、行動しなければ、結果として事業継続も覚束ないことになってしまいます。

【 その他サービス 】

1 特定施設入居者生活介護

① 基本報酬【変更】

【関係するサービス：特定施設入居者生活介護】

【単位数】 (単位：単位／日)

		改定前	改定後	増減
介護予防特定施設 入居者生活介護	要支援1	181	182	+1
	要支援2	310	311	+1
特定施設入居者生活介護	要介護1	535	542	+7
	要介護2	601	609	+8
	要介護3	670	679	+9
	要介護4	734	744	+10
	要介護5	802	813	+11

通知・Q＆A関係 ||||||||||||||||||||||||||||||||||||||||||||||||||||||||||||||||||||||||||||||||||

○指定居宅サービスに要する費用の額の算定に関する基準（短期入所サービス及び特定施設入居者生活介護に係る部分）及び指定施設サービス等に要する費用の額の算定に関する基準の制定に伴う実施上の留意事項について（平成12年3月8日 老企第40号）

第2 居宅サービス単位表（短期入所生活介護費から特定施設入居者生活介護費に係る部分に限る。）及び施設サービス単位数表

1 通則

（6）夜勤体制による減算について

①～③（省略）

④夜勤職員基準に定められる夜勤を行う職員の員数は、夜勤時間帯を通じて配置されるべき職員の員数であり、複数の職員が交代で勤務することにより当該基準を満たして構わないものとする。

　また、夜勤職員基準に定められる員数に小数が生じる場合においては、整

数部分の員数の職員の配置に加えて、夜勤時間帯に勤務する別の職員の勤務時間数の合計を16で除して得た数が、小数部分の数以上となるように職員を配置することとする。

　なお、この場合において、整数部分の員数の職員に加えて別の職員を配置する時間帯は、夜勤時間帯に属していればいずれの時間でも構わず、連続する時間帯である必要はない。当該夜勤時間帯において最も配置が必要である時間に充てるよう努めること。

② 認知症専門ケア加算等の見直し【新規】

【関係するサービス：訪問介護、定期巡回・随時対応型訪問介護看護、夜間対応型訪問介護、通所介護、地域密着型通所介護、療養通所介護、短期入所生活介護、短期入所療養介護、特定施設入居者生活介護、地域密着型特定施設入居者生活介護、認知症対応型共同生活介護、介護老人福祉施設、地域密着型介護老人福祉施設入所者生活介護、介護老人保健施設、介護療養型医療施設、介護医療院】

　認知症専門ケア加算等について、各介護サービスにおける認知症対応力を向上させていく観点から、以下の見直しを行う。【告示改正】

ア　訪問介護、訪問入浴介護、夜間対応型訪問介護、定期巡回・随時対応型訪問介護看護について、他のサービスと同様に、認知症専門ケア加算を新たに創設する。

イ　認知症専門ケア加算（通所介護、地域密着型通所介護、療養通所介護においては認知症加算）の算定要件の一つである、認知症ケアに関する専門研修（認知症ケア加算（Ⅰ）は認知症介護実践リーダー研修、認知症専門ケア加算（Ⅱ）は認知症介護指導者研修、認知症加算は認知症介護指導者養成研修、認知症介護実践リーダー研修、認知症介護実践者研修）を修了した者の配置について認知症ケアに関する専門性の高い看護師（認

知症看護認定看護師、老人看護専門看護師、精神看護専門看護師及び精神科認定看護師）を、加算の配置要件の対象に加える。

　なお、上記の専門研修については、質を確保しつつ、ｅラーニングの活用等により受講しやすい環境整備を行う。

【単位数】　　　　　　　　　　　　　　　　　　　　　　（単位：単位／日）

	改定前	改定後	増減
認知症専門ケア加算（Ⅰ）	×	3	+3
認知症専門ケア加算（Ⅱ）	×	4	+4

【算定要件】※この算定要件は、既存の他のサービスの認知症専門ケア加算と同様の要件。

○認知症専門ケア加算（Ⅰ）

ア　認知症高齢者の日常生活自立度Ⅲ以上の者が利用者の50％以上。

イ　認知症介護実践リーダー研修修了者を認知症高齢者の日常生活自立度Ⅲ以上の者が20人未満の場合は1名以上、20名以上の場合は1に、当該対象者の数が19を超えて10又は端数を増すごとに1を加えて得た数以上配置し、専門的な認知症ケアを実施。

○認知症専門ケア加算（Ⅱ）

ア　認知症専門ケア加算（Ⅰ）の要件を満たし、かつ、認知症介護指導者養成研修修了者を1名以上配置し、事業所全体の認知症ケアの指導等を実施。

イ　介護、看護職員ごとの認知症ケアに関する研修計画を作成し、実施又は実施を予定。

○「令和3年度介護報酬改定に関するQ＆A（Vol.4）（令和3年3月29日）」

○認知症専門ケア加算

問30　認知症高齢者の日常生活自立度の確認方法は如何にすればよいか。

（答）　認知症高齢者の日常生活自立度の決定にあたっては、医師の判定結果又は主治医意見書を用いて、居宅サービス計画又は各サービスの計画に記載することとなる。

　　　　なお、複数の判定結果がある場合には、最も新しい判定を用いる。

　　　　医師の判定が無い場合は、「要介護認定等の実施について」に基づき、認定調査員が記入した同通知「2（4）認定調査員」に規定する「認定調査票」の「認定調査票（基本調査）」7の「認知症高齢者の日常生活自立度」欄の記載を用いるものとする。

③ 認知症介護基礎研修の受講の義務づけ【新規】

→「通所介護」④を参照のこと。

④ 看取り期における本人の意思に沿ったケアの充実【新規】

【関係するサービス：短期入所生活介護、小規模多機能型居宅介護、居宅介護支援、特定施設入居者生活介護、地域密着型特定施設入居者生活介護、認知症対応型共同生活介護、介護老人福祉施設、地域密着型介護老人福祉施設入所者生活介護、介護老人保健施設、介護療養型医療施設、介護医療院】

　看取り期における本人・家族との十分な話し合いや他の関係者との連携を一層充実させる観点から、訪問看護等のターミナルケア加算における対応と同様に、基本報酬（介護医療院、介護療養型医療施設、短期入所療養介護（介護老人保健施設を除く））や看取りに係る加算の算定要件において、「人生の最終段階における医療・ケアの決定プロセスに関するガイドライン」等の内容に沿った取組を行うことを求める。

また、施設系サービスについて、サービス提供にあたり、本人の意思を尊重した医療・ケアの方針決定に対する支援に努めることを求める。【告示改正】【通知改正】

【算定要件】

ア　ターミナルケアに係る要件として、以下の内容等を通知等に記載。
　　・「人生の最終段階における医療・ケアの決定プロセスに関するガイドライン」等の内容に沿った取組を行うこと。

イ　施設サービス計画の要件として、以下の内容等を運営基準の通知に記載。
　　・施設サービス計画の作成にあたり、本人の意思を尊重した医療・ケアの方針決定に対する支援に努めること。

⑤ 介護付きホームにおける看取りへの対応の充実【変更】

【関係するサービス：特定施設入居者生活介護、地域密着型特定施設入居者生活介護】

　介護付きホームにおける中重度や看取りへの対応の充実を図る観点から、看取り介護加算について、現行の死亡日30日前からの算定に加えて、それ以前の一定期間（死亡日以前31日～45日以下）の対応について新たに評価する。【告示改正】

○看取り介護加算（Ⅰ）

【単位数】　　　　　　　　　　　　　　　　　　　　　　　　（単位：単位／日）

	改定前	改定後	増減
死亡日以前31日～45日以下	×	72	+72
同4～30日以下	144	144	±0
同2日又は3日	680	680	±0
死亡日	1,280	1,280	±0

【算定要件】

ア　要件として以下の内容等を規定する。

・「人生の最終段階における医療・ケアの決定プロセスに関するガイドライン」等の内容に沿った取組を行うこと。【通知改正】

・要件における看取りに関する協議等の参加者として生活相談員を明記する。【告示改正】

○看取り介護加算（Ⅱ）

【単位数】　　　　　　　　　　　　　　　　　　　　　　　　　　　　（単位：単位／日）

	改定前	改定後	増減
死亡日以前31日〜45日以下	×	572	+572
同4〜30日以下	×	644	+644
同2日又は3日	×	1,180	+1,180
死亡日	×	1,780	+1,780

※訪問看護等の「ターミナルケア加算」における対応と同様。

【算定要件】

ア　要件として以下の内容等を規定する。

・看取り介護加算（Ⅰ）の算定要件に加え、看取り期において夜勤又は宿直により看護職員を配置していること。

通知・Q＆A関係

○「令和3年度介護報酬改定に関するQ＆A（Vol.3）（令和3年3月26日）」

○看取り介護加算（Ⅱ）

問86　特定施設入居者生活介護における看取り介護加算（Ⅱ）は、看取り介護加算（Ⅰ）と併算可能か。

（答）　夜勤又は宿直を行う看護職員が配置されている日には、看取り介護加算（Ⅱ）を、配置されていない日には、看取り介護加算（Ⅰ）を算定することができる。

⑥ リハビリテーション・機能訓練、口腔、栄養の一体的な推進【新規】

→「訪問リハビリテーション」②を参照のこと。

⑦ 生活機能向上連携加算の見直し【変更】

→「通所介護」⑦を参照のこと。

⑧ 介護付きホームにおける個別機能訓練加算の見直し【変更】

【関係するサービス：特定施設入居者生活介護、地域密着型特定施設入居者生活介護】

　介護付きホームにおける個別機能訓練加算について、より利用者の自立支援等に資する個別機能訓練の提供を促進する観点から、LIFEへのデータ提出とフィードバックの活用による更なるPDCAサイクルの推進・ケアの向上を図ることを評価する新たな区分を設ける。【告示改正】

【単位数】　　　　　　　　　　　　　　　　　　　　　　　　（単位：単位／回）

	改定前	改定後	増減
個別機能訓練加算	12	0	▲12
個別機能訓練加算（Ⅰ）	×	12	+12
個別機能訓練加算（Ⅱ）	×	20	+20

※個別機能訓練加算（Ⅰ）と（Ⅱ）は併算定可能。

○個別機能訓練加算（Ⅱ）

【算定要件】

ア　個別機能訓練加算（Ⅰ）を算定している利用者について、個別機能訓練計画の内容等の情報を厚生労働省に提出し、機能訓練の実施にあたって当該情報その他機能訓練の適切かつ有効に提供するために必要な情報を活用すること。

○指定居宅サービスに要する費用の額の算定に関する基準（短期入所サービス及び特定施設入居者生活介護に係る部分）及び指定施設サービス等に要する費用の額の算定に関する基準の制定に伴う実施上の留意事項について（平成12年3月8日 老企第40号）

第2　居宅サービス単位表（短期入所生活介護費から特定施設入居者生活介護費に係る部分に限る。）及び施設サービス単位数表

4　特定施設入居者生活介護

（7）個別機能訓練加算について

①〜⑤（省略）

⑥厚生労働省への情報提供については、「科学的介護情報システム（LIFE）」（以下「LIFE」という。）を用いて行うこととする。LIFEへの提出情報、提出頻度等については、「科学的介護情報システム（LIFE）関連加算に関する基本的考え方並びに事務処理手順及び様式例の提示について」（令和3年3月16日老老発0316第4号）を参照されたい。

　サービスの質の向上を図るため、LIFEへの提出情報及びフィードバック情報を活用し、利用者の状態に応じた個別機能訓練計画の作成（Plan）、当該計画に基づく個別機能訓練の実施（Do）、当該実施内容の評価（Check）、その評価結果を踏まえた当該計画の見直し・改善（Action）の一連のサイクル（PDCAサイクル）により、サービスの質の管理を行うこと。

　提出された情報については、国民の健康の保持増進及びその有する能力の維持向上に資するため、適宜活用されるものである。

> 加算項目に「LIFE」を用いる算定要件が含まれる場合、当該項目が含まれる！

○「令和3年度介護報酬改定に関するQ＆A（Vol.5）（令和3年4月9日）」

○個別機能訓練加算（Ⅱ）について

問4　LIFEに提出すべき情報は「科学的介護情報システム（LIFE）」関連加算に関する基本的考え方並びに事務処理手順及び様式例の提示について」（令和3年3月16日老老発0316第4号）の各加算の様式例において示されるが、利用者又は入所者の評価等にあたっては、当該様式例を必ず用いる必要があるのか。

（答）　「科学的介護情報システム（LIFE）」関連加算に関する基本的考え方並びに事務処理手順及び様式例の提示について」（令和3年3月16日老老0316第4号）において示しているとおり、評価等が算定要件において求められるものについては、それぞれの加算で求められる項目（様式で定められた項目）についての評価等が必要である。

　　　ただし、同通知はあくまでもLIFEへの提出項目を示したものであり、利用者又は入所者の評価等において各加算における様式と同一のものを用いることを求めるものではない。

> 「科学的介護」ではデータを収集して個人・事業所間の比較を行い、これを「定量分析」として介護に生かして行こうという趣旨。当然、この提出したデータの項目が異なってしまったら、そもそも比較ができない！

⑨　通所系サービス等における口腔機能向上の取組の充実【新設】

→「通所介護」⑩を参照のこと。

⑩　ADL維持等加算の見直し【変更】

→「通所介護」⑫を参照のこと。

⑪ サービス提供体制強化加算の見直し【変更】

【関係するサービス：定期巡回・随時対応型訪問介護看護、夜間対応型訪問介護、訪問入浴介護、訪問看護、訪問リハビリテーション、通所介護、地域密着型通所介護、療養通所介護、認知症対応型通所介護、通所リハビリテーション、短期入所生活介護、短期入所療養生活介護、小規模多機能型居宅介護、看護小規模多機能居宅介護、特定施設入居者生活介護、地域密着型特定施設入居者生活介護、認知症対応型共同生活介護、介護老人福祉施設、地域密着型介護老人福祉施設入所者生活介護、介護老人保健施設、介護療養型医療施設、介護医療院】

　サービス提供体制強化加算について、サービスの質の向上や職員のキャリアアップを一層推進する観点から、財政中立を念頭に、以下の見直しを行う。【告示改正】

ア　介護福祉士の割合や介護職員の勤続年数が上昇・延伸していることを踏まえ、各サービス（訪問看護及び訪問リハビリテーションを除く）について、より介護福祉士の割合が高い、又は勤続年数が10年以上の介護福祉士の割合が一定以上の事業者を評価する<u>新たな区分を設ける</u>。その際、同加算が質の高い介護サービスの提供を目指すものであることを踏まえ、当該区分の算定にあたり、施設系サービス及び介護付きホームについては、サービスの質の向上に繋がる取組の一つ以上の実施を求める。

イ　定期巡回型・随時対応型訪問介護看護、通所系サービス、短期入所系サービス、多機能系サービス、居住系サービス、施設系サービスについて、勤続年数要件について、より長い勤続年数の設定に見直すとともに、介護福祉士割合要件の下位区分、常勤職員割合要件による区分、勤続年数要件による区分を統合し、いずれかを満たすことを求める<u>新たな区分を設定</u>する。

ウ　夜間対応型訪問介護及び訪問入浴介護について、他のサービスと同様に、介護福祉士の割合に係る要件に加えて、勤続年数が一定期間以上の職員

の割合に係る要件を設定し、**いずれかを満たすことを求める**こととする。

エ　訪問看護及び訪問リハビリテーションについて、現行の勤続年数要件の区分に加えて、より長い勤続年数で設定した要件による**新たな区分を設ける。**

【単位数】　　　　　　　　　　　　　　　　　　　　　　　（単位：単位／日）

	改定前	改定後	増減
~~サービス提供体制強化加算Ⅰイ~~	18	×	▲18
~~サービス提供体制強化加算Ⅰロ~~	12	×	▲12
~~サービス提供体制強化加算Ⅱ~~	6	×	▲6
サービス提供体制強化加算Ⅰ	×	22	+22
サービス提供体制強化加算Ⅱ	×	18	+18
サービス提供体制強化加算Ⅲ	6	6	±0

※介護予防は省略。

【算定要件】

○サービス提供体制強化加算Ⅰ（新たな最上位区分に該当）

　下記のア・イのいずれかに該当すること。

ア　介護福祉士70％以上

イ　勤続10年以上介護福祉士25％以上

　※上記の加え、サービスの質の向上に資する取組を実施していること。

○サービス提供体制強化加算Ⅱ（改正前の加算Ⅰイに該当）

ア　介護福祉士60％以上

○サービス提供体制強化加算Ⅲ（改正前の加算Ⅰロに該当）

　下記のア・イのいずれかに該当すること。

ア　介護福祉士40％以上

イ　勤続7年以上30％以上

○指定居宅サービスに要する費用の額の算定に関する基準（短期入所サービス及び特定施設入居者生活介護に係る部分）及び指定施設サービス等に要する費用の額の算定に関する基準の制定に伴う実施上の留意事項について（平成12年3月8日 老企第40号）

第2 居宅サービス単位表（短期入所生活介護費から特定施設入居者生活介護費に係る部分に限る。）及び施設サービス単位数表

4 特定施設入居者生活介護

（18）サービス提供体制加強化加算について

①、②（省略）

③提供する指定特定施設入居者生活介護の質の向上に資する取組については、サービスの質の向上や利用者の尊厳の保持を目的として、事業所として継続的に行う取組を指すものとする。

例

・LIFEを活用したPDCAサイクルの構築

・ITC・テクノロジーの活用

・高齢者の活躍（居宅やフロア等の掃除、食事の配膳・下膳などのほか、経理や労務、広報なども含めた介護業務以外の業務の提供）等による役割分担の明確化

・ケアにあたり、居室の定員が2以上である場合、原則としてポータブルトイレを使用しない方針を立てて取組を行っていること。

　　実施にあたっては、当該取組の意義・目的を職員に周知するとともに、適時フォローアップや職員間の意見交換等により、当該取組の意義・目的に則ったケアの実現に向けて継続的に取組むものでなければならない。

⑫ 介護付きホームの入居継続支援加算の見直し【変更】※予防除

【関係するサービス：特定施設入居者生活介護、地域密着型特定施設入居者生活介護】

　介護付きホームについて、入居者の実態にあった適切な評価を行う観点から、入居継続支援加算について、「たんの吸引等を必要とする者の割合が利用者の15％以上」の場合の評価に加えて、**「5％以上15％未満」の場合に評価する新たな区分を設ける。**【告示改正】

【単位数】　　　　　　　　　　　　　　　　　　　　　　　　（単位：単位／月）

	改定前	改定後	増減
~~入居継続支援加算~~	36	×	▲36
入居継続支援加算（Ⅰ）	×	36	+36
入居継続支援加算（Ⅱ）	×	22	+22

【算定要件】

○入居継続支援加算（Ⅰ）（現行と同じ）

ア　社会福祉士及び介護福祉士法施行規則第1号に掲げる行為を必要とする者（いわゆる「たんの吸引等を必要とする者」）の占める割合が利用者の15％以上であること。

イ　介護福祉士の数が、常勤換算法で、利用者の数が6又はその端数を増すごとに1以上（注1）であること。

○入居継続支援加算（Ⅱ）（新規）

ア　社会福祉士及び介護福祉士法施行規則第1号に掲げる行為を必要とする者（いわゆる「たんの吸引等を必要とする者」）の占める割合が利用者の**5％以上15％未満である**こと。

イ　介護福祉士の数が、常勤換算法で、利用者の数が6又はその端数を増すごとに1以上（注1）であること。

（注１）テクノロジーを活用した複数の機器（見守り機器、インカム、記録ソフト等のICT、移乗機器）を活用し、利用者に対するケアのアセスメント評価や人員体制の見直しをPDCAサイクルによって継続して行う場合は、当該加算の介護福祉士の<u>**配置要件を「7又はその端数を増すごとに1以上」**</u>とする。
→「⑱テクノロジーの活用によるサービスの質の向上や業務効率化の推進」を参照

「入居継続支援加算（Ⅰ）」の「たんの吸引等を必要とする者の占める割合が利用者の「15％以上」というハードルが高く加算算定する事業者が少なかった。このため今回このハードルを下げた「入居継続支援加算（Ⅱ）」を創設しました。

通知・Q＆A関係

○指定居宅サービスに要する費用の額の算定に関する基準（短期入所サービス及び特定施設入居者生活介護に係る部分）及び指定施設サービス等に要する費用の額の算定に関する基準の制定に伴う実施上の留意事項について（平成12年3月8日 老企第40号）

第2　居宅サービス単位表（短期入所生活介護費から特定施設入居者生活介護費に係る部分に限る。）及び施設サービス単位数表

4　特定施設入居者生活介護

（5）入居時継続支援加算について

①社会福祉士及び介護福祉士施行規則第1号各号に掲げる行為を必要とする者の占める割合については、届出日の属する月の前4月から前々月までの3月間のそれぞれの末日時点の割合の平均について算出すること。また、届出を行った月以降においても、毎月において前4月から前々月までの3月間のこれらの割合がそれぞれ所定の割合以上であることが必要である。これらの割合については、毎月記録するものとし、所定の割合を下回った場合については、直ちに訪問通所サービス通知第1の5の届出を提出しなければならない。

②、③（省略）

④必要となる介護福祉士の数が常勤換算方法で入居者の数が7又はその端数
を増すごとに1以上である場合においては、次の要件を満たすこと。

イ 「業務の効率化及び質の向上又は職員の負担の軽減に資する機器を複数
種類使用」とは、
以下に掲げる介護機器を使用することであり、少なくともaからcまで
に掲げる介護機器は使用することとする。その際、aの機器は全て居室
に設置し、bの機器は全ての介護職員が使用すること。

a 見守り機器

b インカム等職員間の連絡調整の迅速化に資するICT機器

c 介護記録ソフトウェアやスマートフォン等の介護記録の作成の効率
化に資するICT機器

d 移乗支援機器

e その他業務の効率化及び質の向上又は職員の負担軽減に資する機器

※以下、省略。

ト 介護機器の使用方法の講習やヒヤリ・ハット事例等の周知、その事例を
通じた再発防止策の実習等を含む職員研修は定期的に行うこと。

この場合の要件で入居継続支援加算を取得する場合においては、3月
以上の試行期間を設けることとする。入居者の安全及びケアの質の確保
を前提としつつ、試行期間中から介護機器活用委員会を設置し、当該委
員会において、介護機器の使用後の人員体制とその際の職員の負担のバ
ランスに配慮しながら、介護機器の使用にあたり必要な人員体制等を検
討し、安全体制及びケアの質の確保、職員の負担軽減が図られているこ
とを確認したうえで、届出をすること。

※以下、省略。

○「令和3年度介護報酬改定に関するQ＆A（Vol.3）（令和3年3月26日）」

○入居継続支援加算

問85　入居継続支援加算の要件のうち、たんの吸引等を必要とする入居者
　　　実績を計測する対象期間が変更となっているが、具体的にはとのよ
　　　うな範囲の実績を求めるものとなるのか。

（答）　これまでは、届出日の属する月の前3か月としていたところ、届出業
　　　務負担軽減等の観点から、届出日の属する前4月から前々月までの3
　　　か月の実績とし変更しているため、以下の例示のとおりとなる。
　　　・変更前：4、5、6月の実績の平均
　　　・変更後：3、4、5月の実績の平均

---

⑬ テクノロジーの活用によるサービスの質の向上や業務効率化の推進【変更】

【関係するサービス：介護老人福祉施設、地域密着型介護老人福祉施設入所者
生活介護、特定施設入居者生活介護、地域密着型特定施設入居者生活介護】

　介護事業者によるテクノロジーの活用によるサービスの質の向上、業務効
率化及び職員の負担軽減の取組を評価する観点から、以下の見直しを行う。
【告示改正】

【単位数】
※変更なし

【算定要件】
○日常生活継続支援加算及び入居継続支援加算における要件緩和内容
　介護老人福祉施設や特定施設入居者生活介護等において、テクノロジーを
活用した複数の機器（見守りセンサー、インカム、記録ソフト等のICT、移乗
支援機器）を活用し、利用者に対するケアのアセスメント評価や人員体制の
見直しをPDCAサイクルによって継続して行っている場合については、日常生

活継続支援加算及び入居継続支援加算の「介護福祉士数が常勤換算で入所者数が6又はその端数を増すごとに1以上」とする要件を「7又はその端数を増すごとに1以上」とする。

○具体的要件

ア　テクノロジーを搭載した以下の機器を複数導入していること（少なくともⅰ～ⅲを使用していること）

 ⅰ　入所者全員に見守り機器を使用

 ⅱ　職員全員がインカムを使用

 ⅲ　介護記録ソフト、スマートフォン等のICTを使用

 ⅳ　移乗支援機器を使用

イ　安全体制を確保していること（以下「安全体制の確保の具体的な要件」参照）

○安全体制の確保の具体的な要件

ⅰ　利用者の安全やケアの質の確保、職員の負担を軽減するための委員会の設置

ⅱ　職員に対する十分な休憩時間の確保等の勤務・雇用条件の配慮

ⅲ　機器の不具合の定期チェックの実施（メーカーとの連携を含む）

ⅳ　職員に対するテクノロジー活用に関する教育の実施

○届出にあたっての条件

　見守り機器やICT等導入後、上記の要件を少なくとも3カ月以上試行し、現場職員の意見が適切に反映できるよう、実際にケア等を行う多職種の職員が参画する委員会（上記ⅰの委員会）において、安全体制やケアの質の確保、職員の負担軽減が図られていることを確認したうえで、届出るものとする。

以上

おわりに

　今まで、私自身、介護保険に関するさまざまな解説書や専門書を目にしてきました。反面、これらは制度や単位数の解説であり、これらの「資料の読み方」にフォーカスした書籍は、今までほとんど存在していなかったのではないでしょうか。

　しっかり介護保険法や介護報酬関係資料の内容が把握することができないとなると、その資料の内容の理解が不足し、結局単に「単位数のみを追う」、もしくは「給付管理のソフトに取りあえず入力してみよう」ということになるはずでしょう。つまり、最も重要な「なぜ、そのような単位が算定できるのか」という背景を理解する力が残念ながら不足したままとなってしまうのです。

　今回の出版にあたっては、介護報酬改定資料の読み方を通じて、単に単位数の増減を把握するのではなく、規則や通知の「本文の読み方」を著者と一緒に追うことによって、その背景や正しい介護保険制度の方向性や介護報酬改定の内容の理解のお役に立ちたいという一念からの出版が目的でした。

　そう言った意味では、このような専門書の出版にあたり、今回、本当に多くの方々にご助力をいただきました。このような専門書の出版に力を貸していただいた日本橋出版株式会社の大島拓哉様をはじめとする皆さまには大変お世話になりました。

　また、現在お世話になっている株式会社リールステージの中山久雄社長。特に中山社長には、今回の出版について全面的にご協力をいただき、また出版について背中を押していただきました。これは、中山社長が日々「入居者の想いに寄り添った施設運営」を行うにあたり、職員を慈しみ、介護保険制

度や関係法令をしっかり理解させていくというスタンスから生まれたということに他なりません。

　最後になりますが、そもそも介護保険は「制度事業」です。つまり制度を正しく理解して事業運営することが事業者には当然求められます。こういった意味では、介護保険法や介護報酬資料を理解するという「山に登頂する」のはあくまでもこの本を手に取った皆さんです。反面、この本が必ずしや、これらの資料を理解するための「シェルパ（案内人）」なるものと信じて筆を置きます。

東京税理士会麹町支部　税理士

東京都行政書士会千代田支部　行政書士

山田 勝義

参考資料

1．有斐閣「法律用語辞典　第5版」　法令用語研究会　編

2．有斐閣「条文の読み方」　法制執務用語研究会

3．ダイヤモンド社「法律を読む技術・学ぶ技術」　吉田利宏

4．日本実業出版社「日本一やさしい法律の教科書」　品川皓亮

5．医学通信社「介護報酬早見表」2018年4月版

6．社会保険研究所「介護報酬改正点の解説」平成30年4月版

7．中央法規「介護保険六法」令和元年版

8．勁草書房「介護保険制度の総合的研究」二木立

9．法律文化社「介護保険法と権利保障」伊藤周平

10．厚生労働省　社会保障審議会『介護給付費分科会資料』

11．財務省　財政等審議会『社会保障等資料』

【著者】

山田勝義

早稲田大学社会科学部卒業。地方公共団体職員を経験後、高齢者住宅に関する大手運営会社にて勤務。

同運営会社では、事業開設に関する行政折衝・届出、施設運営、介護保険制度全般に関する業務を広く経験。この間、有料老人ホーム施設長の現場を経験、その後税理士・行政書士登録。現在は税理士・行政書士事務所を立ち上げ、事務所代表として活動する。

特筆すべきは、有料老人ホームの現場経験者でありながら、税理士・行政書士・宅地建物取引士の国家資格を有する。このことから事業者・顧客の視点から、「本来の介護のあるべき姿」を導くことが得意である。

介護報酬改定資料から読む介護事業の方向性

2021 年 12 月 6 日　　第 1 刷発行

著　　者 ─── 山田勝義
発　　行 ─── 日本橋出版
　　　　　　　〒 103-0023　東京都中央区日本橋本町 2-3-15
　　　　　　　https://nihonbashi-pub.co.jp/
　　　　　　　電話／ 03-6273-2638
発　　売 ─── 星雲社（共同出版社・流通責任出版社）
　　　　　　　〒 112-0005　東京都文京区水道 1-3-30
　　　　　　　電話／ 03-3868-3275
印　　刷 ─── モリモト印刷
© Katsuyoshi Yamada Printed in Japan
ISBN 978-4-434-29594-2